勁草法律実務シリーズ

人事データ
保護法入門

山本龍彦・大島義則［編著］

一般社団法人 ピープルアナリティクス＆HRテクノロジー協会［編］

PEOPLE
ANALYTICS

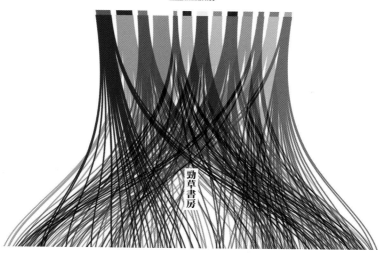

勁草書房

はしがき

　人事・労務分野において、従業員の行動データを収集・解析する「ピープル・アナリティクス」や人的資源を活用する「HR（Human Resource）テクノロジー」が注目を集めています。現在では、大量のエントリーシートや履歴書をAIがチェックしたり、AIを活用して面接を行ったり、人事評価・配置転換に人事データを活用したり、といったことも珍しくありません。他方で、企業の現場では、個人情報保護・データ保護法制を遵守したコンプライアンス確保の要請やELSI（Ethical, Legal and Social Issues：倫理的、法的、社会的課題）対応の必要性が高まっています。すなわち、人事データの保護と利活用のバランスを、いかに図っていくべきか、ということが喫緊の課題となってきています。

　こうした状況の中、一般社団法人ピープルアナリティクス＆HRテクノロジー協会は、人事データの保護と利活用を図るため人事データ利活用原則を策定し、人事データの保護を行いながら人事データを利活用していくための考え方の普及を図ってきました。また、同協会では、2021年度より「人事データ保護士（HR DATA Protection Expert）」の資格制度をスタートし、人事データに関しての基礎的な法律の知識を備え、社内での不正な取り扱いを正し、公正な取り扱いができるような担当者の育成も行ってきています。例えば、メーカー人事、メディア人事、AI企画担当、ベンダー営業、コンサルタント、人材業界人事、アナリスト等の多様な方々が、人事データ保護士の資格を取得し、社会の中でご活躍されています。

　本書は、人事データの保護と利活用の在り方を学べる人事データの取扱いに関する入門書です。人事データ保護士認定講座のテキストとして活用されることも想定されています。そのため、本書の執筆陣は、人事データ保護士の資格認定委員その他の資格制度の運営協力者となっています。また、各章の構成は、人事データ保護士のカリキュラムに沿ったものにしてあります。なお、カリキュラム編成の観点から編者において全体的な方針を決定し体裁・内容を整えておりますが、各章の個別的な内容に関しては各執筆担当者の記述を尊重してあ

ります。

　本書は、人事データを実際に取り扱う実務担当者を念頭に置いて、人事データ取扱いの基礎を身につけてもらうことを狙っていますので、人事データを取り扱う企業の人事部や法務部の方々にも広くお読みいただきたいと思っています。本書の内容が、人事データを取り扱う実務担当者の一助になることを、切に願います。

　最後になりましたが、本書の刊行にあたって、勁草書房編集部の山田政弘氏には、大変お世話になりました。この場を借りて、厚く御礼申し上げます。

2023 年 7 月

編者一同

目　次

第 1 章　総論

1　ピープル・アナリティクス、HR テクノロジーとは？ ……………2
2　HR テクノロジーのメリット・デメリット ………………………3
3　ピープル・アナリティクス & HR テクノロジーの関連法規 ……4
　(1)　日本の法体系と憲法 ………………………………………………4
　(2)　個人の尊重原則（憲法 13 条）…………………………………5
　(3)　プライバシー権（憲法 13 条）と個人情報保護法 ……………7
　　(A)　プライバシー権とは何か…………………………………………7
　　(B)　個人情報保護法制 ………………………………………………9
　(4)　平等原則（憲法 14 条）と雇用機会均等法等 …………………12
　(5)　労働基本権（憲法 28 条）と労働法制 ………………………14
4　関連する AI 原則と、人事データ利活用原則の概要 ……………15
　(1)　関連する AI 原則 …………………………………………………15
　(2)　人事データ利活用原則 …………………………………………18
　　コラム：個人情報保護法の 3 層規律（個人情報、個人データ、
　　　　　　保有個人データ）…………………………………………24
　確認問題 …………………………………………………………………27

第 2 章　雇用関係の開始（採用）と HR テクノロジー

1　採用時に活用される HR テクノロジー ……………………………32
　(1)　具体例 ………………………………………………………………32
　(2)　テクノロジーの発展によるマッチングの多様化 ………………32
　　【図表 2-1　雇用仲介機能のイメージ】
　(3)　多様な人材サービスの類型 ………………………………………33
　　(A)　職業紹介 …………………………………………………………33

目　次

　　　【図表 2-2　人材サービスの類型：職業紹介】
　（B）　委託募集 ……………………………………………………34
　　　【図表 2-3　人材サービスの類型：委託募集】
　（C）　求人メディア ………………………………………………34
　　　【図表 2-4　人材サービスの類型：求人メディア】
　（D）　人材データベース …………………………………………34
　　　【図表 2-5　人材サービスの類型：人材データベース】
　（E）　アグリゲーター ……………………………………………36
　　　【図表 2-6　人材サービスの類型：アグリゲーター】
　（F）　SNS …………………………………………………………36
　　　【図表 2-7　人材サービスの類型：SNS】
　（G）　スポットマッチング ………………………………………36
　　　【図表 2-8　人材サービスの類型：スポットマッチング】
　（H）　クラウドソーシング ………………………………………37
　　　【図表 2-9　人材サービスの類型：クラウドソーシング】
　（I）　職安法上の分類 ……………………………………………38
　　（a）2022 年職安法改正前 ………………………………………38
　　（b）2022 年職安法改正後 ………………………………………38
（4）HR テクノロジーのメリット・デメリット …………………39
2　採用の自由と制約…………………………………………………40
（1）一般的な採用プロセスにおける法的規律 …………………40
　　　【図表 2-10　採用プロセスの法律関係】
（2）採用の自由とその内容 ………………………………………41
（3）採用の自由の制約 ……………………………………………42
　　　【図表 2-11　採用の自由と限界】
（4）HR テクノロジーと採用の自由の関係 ……………………44
（5）不採用理由の告知の要否 ……………………………………44
3　採用の場面における人事データの規律 ………………………45
（1）採用時に特に問題となる規律 ………………………………45
（2）収集・保管・使用の目的の特定 ……………………………45

　（3）　収集の規律 ……………………………………………………46

　（4）　保管・使用・管理の規律 ………………………………………47

　（5）　第三者提供の規律 ………………………………………………47

　（6）　本人同意の留意点 ………………………………………………48

4　採用・不採用の判断と HR テクノロジー ………………………48

　（1）　AI の誤りの問題 ………………………………………………48

　（2）　推知情報の取扱い ………………………………………………49

　（3）　人間関与原則と完全自動意思決定 …………………………50

　確認問題 …………………………………………………………………50

第3章　モニタリングと HR テクノロジー

1　モニタリングとして活用される HR テクノロジーの内容 ………56

2　モニタリングの法的規制 ……………………………………………57

　（1）　個人情報保護法 …………………………………………………57

　（2）　健康情報の取得 …………………………………………………58

　（3）　プライバシー ……………………………………………………58

3　監視カメラ等によるモニタリング …………………………………59

　（1）　従業者のモニタリングを実施する上での留意点 ……………59

　（2）　監視カメラに関する裁判例 ……………………………………59

　（3）　GPS ナビシステムに関する裁判例 ……………………………60

　（4）　小括 ………………………………………………………………61

4　会社の通信設備等に対するモニタリング …………………………62

　（1）　会社の通信設備等に対するモニタリングに関する裁判例 ……62

　　（A）　リーディングケース …………………………………………62

　　（B）　社用パソコンに関する裁判例 ………………………………63

　　（C）　インターネット閲覧履歴に関する裁判例 …………………63

　　（D）　メールに関する裁判例 ………………………………………64

　（2）　小括 ………………………………………………………………64

5　モニタリングの種類の増大と目的の拡大に関する問題 …………65

6　AI によるモニタリングか人間によるモニタリングか ·············66
　コラム：雇用関係によらない働き方と法的保護 ··················67
　確認問題　···69

第4章　人事評価・配置と HR テクノロジー

1　人事評価・配置に活用される HR テクノロジーの概要 ·········76
　（1）人事評価・配置の特徴 ··76
　　【図表4-1　人事評価シートの例（部分）】
　（2）HR テクノロジーのメリット・デメリット ····················77
　（3）HR テクノロジーの例 ··78
2　人事データの活用に関する個人情報保護法の規律 ·············78
　（1）総論 ··78
　（2）利用目的の特定 ··78
　（3）利用目的の変更及び通知・公表 ······································79
　（4）その他の規律 ··80
3　人事評価に関する労働法の規律 ···································80
　（1）法律による規律 ··80
　（2）裁判例による規律（人事権の濫用） ·································81
　　【図表4-2　人事評価が違法とされた例】
　（3）人事評価制度の改定が労働条件の不利益変更になる場合 ·····81
4　配置に関する労働法の規律 ···82
　（1）総論 ··82
　（2）契約で職種や勤務地を限定している場合 ··························82
　（3）契約で職種や勤務地を限定していない場合 ·····················82
　　【図表4-3　配転が違法とされた例】
5　人事評価・配置をめぐる HR テクノロジーの実務的課題 ········84
　（1）人事評価に関する実務的課題 ···84
　　（A）AI による判断のバイアスの問題 ································84
　　（B）評価のブラックボックス化の問題 ·······························85

（2）配置に関する実務的課題 ……………………………………86

確認問題 …………………………………………………………87

第5章　健康管理と HR テクノロジー

1　健康情報管理に関する基本的規律 ……………………………92

（1）健康情報管理の悩ましさ ……………………………………92

（2）使用者の実施する健康管理に関する基本的規律 …………93

（A）労働安全衛生法（労安衛法）………………………………93

（B）安全配慮義務 ………………………………………………94

【図表5-1　安全配慮義務と労安衛法の義務の関係】

（3）健康情報管理に関する基本的規律 …………………………96

（A）個人情報保護法上の「要配慮個人情報」該当性 …………96

（B）健康情報取扱いの原則 ……………………………………97

（C）主要な通達・ガイドライン ………………………………98

2　取得——推知情報を踏まえて…………………………………99

（1）取得する情報の例 ……………………………………………99

【図表5-2　取得する情報の例】

（2）使用者による取得の必要性 …………………………………100

（A）労安衛法等による取得義務…………………………………100

（B）安全配慮義務履行のための取得 …………………………100

（3）取得に際しての対応 …………………………………………101

（A）取扱規程の制定………………………………………………101

【図表5-3　事業場内での健康情報取得規程に盛り込むべき事項】

【図表5-4　指針が定める心身の状態の情報取扱規程に盛り込むべき事項】

（B）利用目的 ……………………………………………………103

（C）同意に関する問題 …………………………………………104

【図表5-5　健康情報等の取扱いを就業規則に規定する際の従業員への周知手順】

（D）不利益取扱いの禁止 ………………………………………106

【図表 5-6　不利益取扱いの例】
　(E)　同意なき検査等 ……………………………………………………107
3　管理・利活用・提供・加工 ……………………………………………108
　(1)　健康情報の管理・利活用が必要であること …………………………108
　(2)　厳重な安全管理 ………………………………………………………109
　　(A)　ガイドライン通則編の求める安全管理…………………………109
　　(B)　留意事項の求める安全管理 ……………………………………109
　　(C)　指針による明確化・具体化 ……………………………………110
　　　【図表 5-7　指針による健康情報 3 類型】
　(3)　第三者提供 ……………………………………………………………110
　　　【図表 5-8　本人の同意なく健康情報を外部機関等へ提供できる場合】
4　健康管理をめぐる AI・HR テクノロジーの実務的課題 ……………113
　(1)　法規制としてのプライバシー法 ………………………………………113
　(2)　健康に関する人事データの実務活用──人事データ利活用原則を
　　　踏まえて ………………………………………………………………114
　　(A)　基本的視点 ………………………………………………………114
　　(B)　推知情報──AI や HR テクノロジーを利用して
　　　　メンタルヘルス情報を推知することを例にとって …………116
　(3)　安全配慮義務の問題 …………………………………………………118
　　コラム：個人情報保護関連法制──次世代医療基盤法、
　　　　電気通信事業法等の個人情報保護法各論について …………119
　確認問題 ………………………………………………………………………121

第 6 章　退職と HR テクノロジー

1　解雇・退職と労働法 ………………………………………………………126
　　　【図表 6-1　解雇の種類と理由】
2　解雇・退職と個人情報保護法制 …………………………………………127
3　狭義の普通解雇（労務提供の不能や労働能力又は
　　適格性の欠如・喪失）と HR テクノロジー ……………………………129

　　(1) 傷病によって労務提供が不能となった労働者の解雇・退職 ………129
　　　（A）法的ルール …………………………………………………………129
　　　　【図表 6-2　傷病休職制度のプロセス】
　　　（B）HR テクノロジーの活用 ……………………………………………131
　　(2) 勤務成績が不良な労働者の解雇 ……………………………………132
　　　（A）法的ルール …………………………………………………………132
　　　（B）HR テクノロジーの活用 ……………………………………………132
　4　整理解雇と HR テクノロジー ……………………………………………135
　　(1) 整理解雇に関する法的ルール ………………………………………135
　　(2) 整理解雇への HR テクノロジーの活用 ……………………………136
　5　懲戒解雇その他の懲戒処分と HR テクノロジー ………………………137
　　(1) 懲戒処分に関する法的ルール ………………………………………137
　　(2) 懲戒処分への HR テクノロジーの活用 ……………………………138
　6　任意の退職と HR テクノロジー …………………………………………140
　　(1) 退職勧奨の適法性と違法性（法的ルール） ………………………140
　　(2) 退職勧奨への HR テクノロジーの活用 ……………………………140
　　(3) 退職予測の活用 ………………………………………………………141
　　確認問題 ………………………………………………………………………141

第7章　国際的な人事データの保護と利活用

　1　主要各国におけるデータ保護 ……………………………………………148
　　(1) 主要国におけるデータ保護の体系 …………………………………148
　　(2) 欧州のデータ保護体制 ………………………………………………150
　　(3) 米国のデータ保護体制 ………………………………………………152
　　(4) その他：データローカライゼーション ……………………………154
　　　　【図表 7-1　データローカライゼーションに関連した諸外国の動き】
　　(5) 今後の世界的なデータ保護の潮流 …………………………………155
　2　国際的な人事データ活用の課題：GDPR の示唆 ………………………157
　　(1) 人事データに対する規制：行動監視とプロファイリング …………157

（2）データそのものの性質：特別類型 ……………………………………159

3　HR テクノロジーとデータ活用の在り方 …………………………160

（1）適法性の担保 1：説明責任の担保と処理の根拠 …………………160

　　　【図表 7-2　GDPR 5 条における説明責任】

　　　【図表 7-3　GDPR 6 条における処理の根拠と個人の権利】

　　　【図表 7-4　GDPR を基にした人事データ利用根拠の整理】

（2）適法性の担保 2：データの棚卸しと DPIA …………………………160

　コラム：データ保護責任者（DPO）とプライバシー影響評価（PIA）…163

　確認問題 …………………………………………………………………166

資料「人事データ利活用原則」……………………………………………171

判例索引 …………………………………………………………………………177

事項索引 …………………………………………………………………………179

編者・執筆者略歴 ………………………………………………………………182

凡　例

■法令名

個人情報の保護に関する法律	個人情報保護法（本文中）
	個情法（条文引用）
個人情報の保護に関する法律施行令	個人情報保護法施行令（本文中）
	個情法施行令（条文引用）
個人情報の保護に関する法律施行規則	個人情報保護法施行規則（本文中）
	個情法施行規則（条文引用）
行政機関の保有する個人情報の保護に関する法律	行政機関個人情報保護法
独立行政法人の保有する個人情報の保護に関する法律	独立行政法人個人情報保護法
行政機関の保有する情報の公開に関する法律	情報公開法
独立行政法人等の保有する情報の公開に関する法律	独立行政法人情報公開法
行政手続における特定の個人を識別するための番号の利用等に関する法律	番号法
労働基準法	労基法
労働契約法	労契法
労働組合法	労組法
労働安全衛生法	労安衛法
労働安全衛生規則	労安衛規則
職業安定法	職安法
職業紹介事業者、求人者、労働者の募集を行う者、募集受託者、募集情報等提供事業を行う者、労働者供給事業者、労働者供給を受けようとする者等がその責務等に関して適切に対処するための指針（平成11年労働省告示第141号）（最終改正令和4年生労働省告示第198号）	職安法指針
General Data Protection Regulation（EU一般データ保護規則）	GDPR（※）

（※）本書では、GDPRの日本語仮訳として、個人情報保護委員会ウェブサイト（https://www.ppc.go.jp/files/pdf/gdpr-provisions-ja.pdf）に依拠した。

凡　例

■ガイドライン等

個人情報の保護に関する法律についてのガ　　　ガイドライン通則編
　イドライン（通則編）

個人情報の保護に関する法律についてのガ　　　ガイドライン外国第三者提供編
　イドライン（外国にある第三者への提供
　編）

個人情報の保護に関する法律についてのガ　　　ガイドライン確認・記録編
　イドライン（第三者提供時の確認・記録
　義務編）

個人情報の保護に関する法律についてのガ　　　ガイドライン匿名加工情報編
　イドライン（仮名加工情報・匿名加工情
　報編）

個人情報の保護に関する法律についてのガ　　　ガイドライン認定個人情報保護団体編
　イドライン（認定個人情報保護団体編）

「個人情報の保護に関する法律についての　　　個情法 Q & A
　ガイドライン」及び「個人データの漏え
　い等の事案が発生した場合等の対応につ
　いて」に関する Q & A

■判例集

最高裁判所民事（刑事）判例集　　　　　　　　民（刑）集
高等裁判所民事（刑事）判例集　　　　　　　　高民（刑）集
下級裁判所民事裁判例集　　　　　　　　　　　下民集
行政事件裁判例集　　　　　　　　　　　　　　行集
行政裁判所判決録　　　　　　　　　　　　　　行録
最高裁判所裁判集民事（刑事）　　　　　　　　裁判集民（刑）
判例時報　　　　　　　　　　　　　　　　　　判時
判例タイムズ　　　　　　　　　　　　　　　　判タ
判例地方自治　　　　　　　　　　　　　　　　判例自治
訟務月報　　　　　　　　　　　　　　　　　　訟月
家庭裁判月報　　　　　　　　　　　　　　　　家月
労働判例（産労総合研究所）　　　　　　　　　労判

■雑誌

法律時報（日本評論社）　　　　　　　　　　　法時

法学セミナー（日本評論社）	法セミ
ジュリスト（有斐閣）	ジュリ
法学教室（有斐閣）	法教
民商法雑誌（有斐閣）	民商法

○文献

労務行政研究所編『HR テクノロジーで人事が変わる』（労務行政、2018 年）	HR テクノロジー（2018）
労務行政研究所編『HR テクノロジーの法・理論・実務』（労務行政、2022 年）	HR テクノロジー（2022）
菅野和夫『労働法〔第 12 版〕』（弘文堂、2019 年）	菅野
松尾剛行『AI・HR テック対応人事労務情報管理の法律実務』（弘文堂、2019 年）	松尾

執筆担当

第1章	山本龍彦	（慶應義塾大学教授）
第1章コラム	當舎　修	（弁護士）
第2章	大島義則	（弁護士、専修大学教授）
第3章	尾崎愛美	（筑波大学准教授）
第3章コラム	松井博昭	（弁護士）
第4章	数藤雅彦	（弁護士）
第5章	松尾剛行	（弁護士）
第5章コラム	小松侑司	（弁護士）
第6章	植田　達	（常葉大学講師）
第7章	加藤尚徳	（KDDI総合研究所コアリサーチャー）
第7章コラム	當舎　修	（弁護士）

第1章
総論

本章の目的

　本章では、憲法をはじめ、HR テクノロジーと関連する日本の法令を概観し、その背景にある基本的な権利の主な考え方や諸法令の相互関係を学びます。また、こうした法体系のなかで、ピープルアナリティクス＆ HR テクノロジー協会が策定する人事データ利活用原則がどのように位置付けられるのかを確認します。

　このような学びを通じて、HR テクノロジーの運用や実装に際して、法令上及び倫理上どのような課題が生じうるのかを予測し、実際に課題が生じた場合に適切に対応できるようにします。

1　ピープル・アナリティクス、HR テクノロジーとは？

　ピープル・アナリティクスとは、個人又は人間組織に関するデータを収集・解析することをいい、この技術を特に人事領域（Human Resources, HR）に応用したものを HR テクノロジーといいます。HR テクノロジーは、個人又は人間組織に関するデータの収集・解析を行い、この結果を採用（選抜）、人材開発、労務管理、人事評価等に役立て、もって、組織の可能性を最大化し、個人を活かしていくための技術と考えてよいでしょう。

　HR テクノロジーの一つに、プロファイリングがあります。プロファイリングとは、一般に、パーソナルデータとアルゴリズムを用いて、特定個人の趣味嗜好、能力、信用力、知性、振舞い等を分析又は予測する技術のことをいいます。現在、この技術は、採用、パフォーマンス予測、離職分析等に役立てられています。もちろん、HR テクノロジーは、特定個人を対象にしたプロファイリングに限定されません。人事データは、職場環境の改善や人材育成、さらには、人事制度・施策の効果測定など、集団・組織を対象とした分析・予測にも使われます。HR テクノロジーは、大きく分けて、①特定個人を対象にするものと、②集団・組織を対象にするものの 2 種類に分類できるのです（後述するように、特定個人を対象にするものの方が人権侵害リスクは高く、実装等にあたって、より慎重な配慮が必要になります。）。

　近年は、人工知能（AI）の発展により、分析・予測の精度も向上してきてお

1）　パーソナルデータ＋α研究会「プロファイリングに関する提言案」NBL1137 号 66 頁（2019年）。なお、その後、パーソナルデータ＋α研究会「プロファイリングに関する最終提言案」NBL1211 号 6 頁（2022 年）が公表され、パブリックコメント後、「プロファイリングに関する最終提言」（2022 年 4 月 22 日公表）（https://wp.shojihomu.co.jp/shojihomu_nbl1211）が公表されています。

2）　総務省・AI ネットワーク社会推進会議「AI 利活用ガイドライン～AI 利活用のためのプラクティカルリファレンス～」（2019 年 8 月 9 日）4 頁によれば、「AI」とは「AI ソフト及び AI システムを総称する概念」をいい、「AI ソフト」とは「データ・情報・知識の学習等により、利活用の過程を通じて自らの出力やプログラムを変化させる機能を有するソフトウェア」（例えば、機械学習ソフトウェア）、「AI システム」とは「AI ソフトを構成要素として含むシステム」をいいます。

り、このことが HR テクノロジーの導入を一層加速させています。

2 HR テクノロジーのメリット・デメリット

　特定個人を対象とした HR テクノロジーは、個人の能力や個性をデータに基づいて総合的・客観的に分析・予測することで、これまで少数の人間による偏見や主観的感情によって人生の可能性を狭められてきた人たちに多くのチャンスを与え、その者の潜在的な力を引き出し、発揮させることを可能にします（「インクルージョン＝包摂」の思想）。それは、ひいては、組織全体の活性化にもつながるでしょう。また、集団・組織を対象とした HR テクノロジーは、従業員の働き方や労働環境を改善し、経営の在り方や組織の効率化を図ることを可能にします（環境改善及び組織効率化）。それは、ひいては、従業員個人のやる気や精神的・身体的な健康の改善・向上にもつながるでしょう。

　このように HR テクノロジーは、これからの時代に、組織及び従業員双方の可能性を拡げ、その価値を高めるツールとして、欠くことのできないものとなることが期待されています。しかし、他方で HR テクノロジーは、個人情報を含む多くのデータを必要とするため、個人のプライバシーを不当に侵害するリスクがあります。また、知らぬ間に個人情報保護法等の法令に違反しているという事態も起こってくるかもしれません。

　さらに、AI を使う場合には、学習データの偏りなどから、ある人事上の判断が特定の集団（特に少数派集団）などに対して差別的な影響を及ぼしてしまう場合もあります。そもそも AI の自動判断は、一定のデータに基づく統計的・確率的な判断にすぎないため、その精度が一定水準を満たす場合でも、評価対象となる個人が直接発する声や具体的事情に一切耳を傾けようとせず、当該自動判断のみに基づいて本人に不利益を課すような意思決定を行うことは、法的・倫理的観点からの批判を生じさせる可能性があります。リクルートキャリア社は、就活生に対する具体的な説明なく、彼らの「内定辞退率」を予測・スコア化（プロファイリング）し、企業に提供していたことで激しい批判を浴

---

3) 個人情報の定義は後述。

3

びましたが、それはいま述べた問題と密接に関連しています。この事件は、採用という人生に重要な影響を与える局面において、当人の預かり知らぬところで、当人に不利益を与えうる内定辞退率をプロファイリングしていたことが法的・倫理的に問題視されたものといえるからです。

　以上みてきたように、HR テクノロジーは、組織と個人の双方に多大なメリットをもたらしうる反面、プライバシーを含む個人の人権を侵害したり、差別を引き起こしたりするなどの法的・倫理的リスクを内包したものといえます。こうしたリスクの顕在化は、企業にとって死活問題になりえます。いかに、このようなリスクを防ぎ、そのメリットを最大化できるかが HR テクノロジーを実装・利用する際のポイントになるでしょう。

3　ピープル・アナリティクス＆ HR テクノロジーの関連法規

(1)　日本の法体系と憲法

　HR テクノロジーの実装に伴って人事データを取扱う際に、まず参照しなければならない法規範は、日本国憲法です。憲法は最高法規性を持つとされ、憲法に違反する法律や命令は効力を有しません（憲法 98 条）。

　日本の法体系においては、まず、憲法に矛盾・抵触しないかたちで、国会により法律が制定されます（国会が制定する法規範のことを、特に「法律」と呼びます。国民によって制定された憲法は、形式上「法律」に優越します。）。次に、法律を具体化するために、法律に矛盾・抵触しないかたちで、行政機関により命令が策定されます（行政機関が制定する法規範のことを「命令」と呼びます。内閣がつくる命令を「政令」、各省がつくる命令を「省令」と呼びます。ただし、「規則」と名が付いた命令も存在します。）。

　憲法は国家（公権力）を規律して、国民の基本的人権を守る法規範だ、と説明されることがありますが、実際には、いま述べたような法段階（憲法→法律→命令）を通じて、憲法の基本的な考え方は下位の法規範（法律や命令）にも及び、下位の法規範を通じて民間企業（社会的権力）をも規律します。具体的には、憲法の考え方を実現するために制定された「法律」（憲法実現法律）を通

じて、憲法は企業を間接的に規律します（例えば、企業を対象にする男女雇用機会均等法は、「法の下の平等を保障する日本国憲法の理念にのっとり雇用の分野における男女の均等な機会及び待遇の確保を図る」ことを目的とした憲法実現法律です〔男女雇用機会均等法 1 条〕。他にも、労働関連の法律は、憲法の労働基本権〔憲法28 条〕を実現するための憲法実現法律といえます。）。

　また、裁判所による「法律」の解釈・適用を通じて、憲法が企業を間接的に規律することもあります（これを、民間企業に対する憲法の「間接適用」と呼んでいます。）。例えば、企業が憲法の考え方（平等原則など）に違反する行為をした場合、その行為は、法律（民法）上の「公序良俗違反」に該当する行為とみなされ、無効とされえます。憲法の考え方が、「民法」のいう社会的「公序」を構成するものとして読み込まれるわけです。

　このように、憲法の基本的な考え方は、国家だけでなく、社会全体を規律するのであり、HR テクノロジーを実装する民間企業も憲法を無視することはできません。では、HR テクノロジーと関連する憲法の基本原則や基本的人権としてどのようなものがあるのでしょうか。

(2)　個人の尊重原則（憲法 13 条）

　まず挙げるべきなのは、個人の尊重原則でしょう。

　憲法 13 条は、「すべて国民は、個人として尊重される」と規定しています。その意味は多義的ですが、それがかつての封建的身分制を否定するものであることは明らかです。封建的身分制の下では、個人は特定の身分集団や身分と関連した職業集団（ギルド）などに属し、その生き方は、これらの集団に強く規定されていました。個人の持つ能力や個性は顧みられず、その個人が「どの集団に属しているか」が重視されたわけです（集団の優位性）。日本国憲法は、個人の特性を集団的属性によって短絡的・概括的・類型的に評価するこのような考え方（「あなたは『男性』だから、どうせ○○なのだ！」、「『女性』だから、どうせ○○なのだ！」、「『障害者』だから、どうせ○○なのだ！」など）を否定し、個人を「個人として（as individuals）」尊重することを最重要視したのです。具体的には、個人の能力等を評価する際には、その者が属する集団への偏見等に

影響されてはならず、個人の発する声に耳を傾けつつ、その具体的事情を考慮して、できる限り公正にその能力等を評価していくことが求められます。

HRテクノロジーは、データを通じて多角的・総合的に個人を評価し、これまで人間の思考過程にこびりついていた集団への偏見を除去することを可能にします。それによって、当該個人について、より公正な判断を行い、当該個人を「個人として（as individuals）」より尊重することに資するでしょう。これは忘れてはならないHRテクノロジーのメリットです。他方、効率性を追求するあまり、個人が直接発する声や具体的な事情を無視ないし軽視し、セグメント[4]という新たな「集団」をベースとした確率的・統計的判断により個人を短絡的・概括的に分類し、個人をベルトコンベヤーに載せられた「物」のごとく自動的に仕分けすることにもつながります（これは、人間を「物」として道具化・手段化してはならないというエマニュエル・カントの倫理学とも関連します。）。また、個人の尊重原則は、人間が自律的な判断能力を持つ存在（人格的自律の存在）であると仮定した上で、個人が行った自律的・主体的な決定（いわゆる「自己決定」）を尊重するという考えを含むともいわれています。したがって、HRテクノロジーの実装は、会社側が一方的に押し付けるようなものであってはならず、可能な限り、対象となる者とのコミュニケーションを図りながら、その理解を得る必要があるでしょう。

これまでの日本では、いわゆる終身雇用制が重視され、会社という「集団」によって「個人」の社会経済生活が支えられる一方、その私生活までもが丸抱えされ、「個人」の自由や主体性が会社に抑圧されるという状況も存在してきました（集団の優位性の存続）。しかし、近年の「働き方改革」や、公正性・ジェンダー間平等などを重視するSDGs（持続可能性な開発目標）の普及、さらにはESG（環境・社会・企業統治）投資の広がりによって、「個人」を尊重すべしという憲法上の根本原則は、民間企業においても、ますます重要な意味を持っていくでしょう（国際連合「ビジネスと人権に関する指導原則」も、人権を尊重する企業の責任を強調しています。企業による人権デューデリジェンスは世界的に求められている状況です）。HRテクノロジーの実装によって法的・倫理的問題を

4）「セグメント」とは、共通の属性を持った集団のことを意味します。

引き起こさないようにするためには、技術や人事データの利用が、個人を「個人として」尊重することに適切に結びついているか、企業の利益のみを実現する方向に偏っていないかを絶えず検証していくことが求められます。

(3) プライバシー権（憲法 13 条）と個人情報保護法

(A) プライバシー権とは何か

　次に、プライバシーの権利を挙げることができます。

　日本国憲法は、「プライバシー権」を明文では規定していません。しかし、前記（2）で説明した個人の尊重原則や同じく憲法 13 条に規定される幸福追求権の解釈から、プライバシー権は憲法上保障されていると考えられています。このプライバシー権は、かつては、私生活上の秘密を不特定多数者の視線（まなざし）に直接さらされない権利として定式化されました。三島由紀夫の小説（『宴のあと』）のモデルとされた者が、この小説で夫婦生活等を克明に描かれ、プライバシー権を侵害されたとして損害賠償等を求めた事案（『宴のあと』事件・東京地判昭和 39 年 9 月 28 日下民集 15 巻 9 号 2317 頁）で、東京地方裁判所は、この権利を「私事をみだりに公開されない権利」として定義しました。この事案は、作者である三島と出版社を相手にした民事訴訟で、プライバシー権は民事上の人格権として承認されましたが、東京地裁は、この権利を、「個人の尊厳を保ち幸福の追求を保障するうえにおいて必要不可欠なもの」と述べ、それが憲法の基本原理に由来する権利であることを強調しています。

　このように、私事が不特定多数者に公開・暴露されない権利としてのプライバシー権を「古典的プライバシー権」と呼ぶことがあります。最近では、こうした古典的な理解を超えて、プライバシー権を「自己情報コントロール権」又は「情報自己決定権」して捉えていこうとする見解が有力です[5]。この見解は、個人は自らの情報の開示や利用について、原則として自ら決定する権利を有す

---

5)　山本龍彦「自己情報コントロール権について」憲法研究 4 号（2019 年）43 頁以下参照。もっとも、自己情報コントロール権説を否定する見解も近時影響力を強めている。代表的なものとして、音無友展『プライバシー権の再構成──自己情報コントロール権からの適正な自己情報の取扱いを受ける権利へ』（有斐閣、2021 年）。

ると考えます。もっとも、「コントロール」という言葉が使われるからといって、所有権のように、個人が自己の情報を排他的・全面的に支配できると考えるわけではありません（そもそも "information" は、排他的に「所有」できるものではありません。）。むしろ、自分の情報を誰とシェア（共有）するかを自ら決定できるという、人間関係の構築に関する人格権として理解することが妥当です。こうした考えは、古典的プライバシー権のように、私生活上の秘密は単に隠しておくだけのものだと考えるのではなく、特定の誰かとは積極的にシェアしているのだ、という理解を前提としています。確かに、私たちは、自分の情報を常に隠しているわけではありません。この情報は家族とシェアしよう、この情報は友人とシェアしよう、この情報は同僚とシェアしよう、この情報は会社とシェアしよう、というように、つながる相手に応じて開示・シェアする情報を主体的に選択しながら生きています。この選択・コントロールが奪われ、家族とのみシェアしようと思っていた情報（例えば性的な傾向）が——自らの意思に反して——同僚とシェアされることになれば、私たちは社会生活をまともに送ることができなくなる可能性があります。また、情報がデジタル化され、ネットワーク化されれば、情報の「シェア」が簡単に行われることになるため、Aさんとだけシェアしようと思っていた情報が、知らぬ間にB会社とシェアされていた、という事態も容易に起こりえます。デジタル社会においては、自分の情報の開示や利用について、自分で決定・選択する権利がそれだけ重要になると考えられているのです。

　最高裁判所は、このような自己情報コントロール権を正面から承認していませんが、住基ネットの合憲性を争った事案（住基ネット訴訟・最1小判平成20年3月6日民集62巻3号665頁）では、憲法13条は「個人に関する情報をみだりに第三者に開示又は公表されない自由」を保障していると述べており、古典的プライバシー権とは異なる考え方を示しています。

　自己情報コントロール権説によれば、自分の情報を誰とシェア（共有）するかなどに関する個人の決定を尊重する必要が出てきます。したがって、本人の決定を尊重せずに、その者の情報を勝手に誰かとシェアしようとしたり（プロファイリングによって、本人が他者とのシェアを望んでいない情報を勝手に予測してシェアしようとしたり）、自分とだけシェアしてくれた情報を勝手に第三者と

シェアしようとしたりすることは、プライバシー権の侵害としてみなされる可能性が出てきます。

　また、個人情報を既に本人とシェアしている者（例えば会社）は、本人から、①「どのような情報をあなた〔会社〕とシェアしているのか、改めてちゃんと知りたい」という要請（開示請求）、②「この情報について、あなたとはもうシェアしたくない」という要請（利用停止請求、消去請求）、③「あなたとシェアしている情報は間違っているか、古い情報なので、情報を更新・置換してほしい」という要請（訂正請求）に応える必要が出てきます。最近では、A会社とシェアしていた自己の情報一式を、新たにそれをシェアしたいと考えているB会社へ丸ごと移すことができるデータ・ポータビリティ権も注目されています[6]。

　このように、憲法上、自己情報コントロール権が認められるとしても、自己情報の開示や利用について、常に、また絶対的に、本人の自己決定を尊重しなければならないわけではありません。この権利も、他のあらゆる権利と同様、相対的に保障されるものだからです。したがって、他者の健康や職場の安全、社会の安全などのために、ある者の情報が必要な場合には、本人の自己決定にかかわらずこれをシェアすることも可能です。本人の自己決定と他の重要な利益とがぶつかる場面には、この二つの利益を慎重かつ丁寧に衡量する（バランスを図る）ことが求められるのです。

(B) 個人情報保護法制

　このように、自分の情報の開示や利用について本人の自己決定を重視する考えは、個人情報保護法（2003年制定）などの法律にも一部受け継がれています[7]。

6）　欧州連合（EU）の一般データ保護規則（GDPR）は、「データ主体は、以下の場合においては、自己が管理者に対して提供した自己と関係する個人データを、構造化され、一般的に利用され機械可読性のある形式で受け取る権利を持ち、また、その個人データの提供を受けた管理者から妨げられることなく、別の管理者に対し、それらの個人データを移行する権利を有する」と規定しています（20条）。日本の個人情報保護法には、いまだこのような規定はありません。しかし、2020年の同法の改正に伴い、事業者は、本人の求めにより、保有個人データをデジタル化したかたちで開示しなければならなくなりました。これにより、事実上、他の事業者へのデータ移行が容易になったと考えることができます。

　個人情報保護法は、「生存する個人に関する情報」であって「当該情報に含まれる氏名、生年月日その他の記述等……により特定の個人を識別することができるもの（他の情報と容易に照合することができ、それにより特定の個人を識別することができることとなるものを含む）」又は「個人識別符号が含まれるもの」を「個人情報」として定義しています（2条1項）。事業者は、個人情報を取扱うに当たっては、それを利用する目的を特定し（17条1項）、原則として、本人の同意を得ずにこの目的を超えて個人情報を取り扱ってはならないとされています（18条1項。本人は、ある特定の目的のために、当該事業者と個人情報をシェアすることを選択しているのだから、当該事業者はこの信頼を超えて利用してはならない、ということです。）。事業者は、個人データを安全に管理するために必要かつ適切な措置を講じなければならないともされています（23条）。

　また、事業者は、原則として、本人の同意を得ずに個人データを第三者に提供してはならないとされています（27条1項。本人は、ある特定の目的のため、その事業者と個人情報をシェアすることを選択したのだから、当該事業者が勝手にそれを第三者とシェアすることは許されない、ということです。）。さらに、事業者は、保有個人データについて、原則として本人からの開示請求（33条）に応え、一定の場合には訂正請求（34条）、利用停止請求（35条）に応えなければなりません。

　事業者がこうした義務に違反した場合には、個人情報保護委員会により、是正行為のために必要な措置をとるようにという勧告を受け（148条1項）、緊急を要する場合には、必要な措置をとるようにという命令を受けることがあります（148条2項、3項）。命令に違反した場合には、1年以下の懲役又は100万円以下の罰金を受けます（178条。後述のように、2020年改正により法定刑が引き上げられました。）。また、事業者は、必要性が認められる場合に、その限度で、個人情報保護委員会による指導を受け（147条）、場合によっては、立入検査等

---

7)　例えば、個人情報保護法は、「自己情報に対するコントロールの仕組みを導入している」とする指摘もあります。宇賀克也『新・個人情報保護法の逐条解説』（有斐閣、2021年）49頁。

8)　個人データとは、「個人情報データベース等を構成する個人情報」をいいます（16条3項）。

9)　保有個人データとは、個人情報取扱事業者が、開示等の権限を有する個人データであって、その存否が明らかになることにより公益その他の利益が害されるものとして政令で定めるもの以外のものをいいます（16条4項）。

の行政調査を受けることがあります（146条1項）。立入検査等を拒絶する場合には50万円以下の罰金を受けます（182条1号）。

　また、個人情報保護法は、個人情報のなかでも、「人種、信条、社会的身分、病歴、犯罪の経歴」など、「本人に対する不当な差別、偏見その他の不利益が生じないようにその取扱いに特に配慮を要するもの」を「要配慮個人情報」として括り出し（2条3項）、例えばその取得に原則として本人の事前同意を必要とするなど（20条2項）、特別な保護を与えています。その一方で、特定の措置を講じて「特定の個人を識別することができないように個人情報を加工して得られる個人に関する情報であって、当該個人情報を復元することができないようにしたもの」を「匿名加工情報」（2条6項）と呼び、本人の自己決定にかかわらず、一定の安全措置の下で積極的に利活用することを認めています。

　個人情報保護法は、2015年改正に続き、2020年6月にも改正がなされました。それにより、①利用停止や消去等に関する個人の請求権が認められる範囲が拡張されたり、②漏えい等が発生した場合に事業者が個人情報保護委員会に報告するとともに、本人へも通知する義務が導入されたり、③個人情報保護委員会による命令に違反した場合の法定刑が引き上げられたりしました（1年以上の懲役又は100万円以下の罰金。また、法人については、行為者よりも罰金刑の最高額が引き上げられ、最大で1億円以下の罰金を支払うことになりました〔いわゆる法人重科〕。）。また、先述したリクナビ（リクルートキャリア）事件を受け、提供元では個人データに該当しないものの、提供先において個人データとなることが想定される情報（例えば、提供先と共有しているクッキー情報）について、本人同意が得られていることの確認等が義務付けられました。

　この改正により、本人の「情報自己決定」の要素がますます強化されたと考えることができるでしょう。HRテクノロジーを採用する会社は、これまで以上にプライバシー権や個人情報保護の問題に関心を持たなくてはならなくなってきているといえそうです。

　その後、2021年にも、個人情報保護法制が大幅に改正されています。この改正は、①個人情報保護法制の官民一元化、②医療分野・学術分野の規制統一、③学術研究に係る適用除外規定について、一律の適用除外から義務ごとの例外規定へと精緻化、④個人情報の定義等を国・民間・地方で統一し、行政機関等

での匿名加工情報の取扱いに関する規律を明確化するものです。個人情報保護法制の一元化に伴い、個人情報保護法の条文番号も大幅に変更されましたので、注意が必要です。

(4) 平等原則（憲法 14 条）と雇用機会均等法等

　憲法 14 条 1 項は、「すべて国民は、法の下に平等であって、人種、信条、性別、社会的身分又は門地により、政治的、経済的又は社会的関係において、差別されない」と規定しています。最高裁によれば、人種から門地までの 5 要素はあくまでも例示で、それ以外の要素（例えば年齢や学歴）によって人を区別することも原則として禁止されます。もっとも、あらゆる区別が禁止されるわけではなく、その区別に「合理的な理由」があれば、それは憲法上許容されると考えられています。

　HR テクノロジー領域でいえば、ある区別が業務上の必要性や職場の安全などと関連していれば、それは「合理的な区別」として許容されます。しかし、憲法上、個人がいくら努力しても乗り越えられない属性、すなわち、「自らの意思や努力によっては変えることのできない」属性によって人を区別することは、特に注意が必要であると考えられています[10]（最大判平成 20 年 6 月 4 日民集62 巻 6 号 1367 頁。憲法 14 条 1 項がわざわざ例示する 5 要素も、この点と関連しています。）。近代の個人主義や責任主義の発想からすると、努力して一定の成果を上げた者と努力を怠って成果を上げられなかった者を区別することは、公正な判断としてむしろ推奨されるでしょう。他方で、本人の努力又は責任にかかわらず、生まれつき有するような生来的な属性や特徴（人種、性別、遺伝的特性、部落出身者であるかなど）によって区別することは、集団的な属性で個人の生き方を強く規定していた、前近代の封建的身分制へと逆行することになります（個人の努力や個性を否定することになります。）。したがって、こうした属性

---

10)　例えば、最高裁は、嫡出子と婚外子（非嫡出子）とで法定相続分を区別していた民法上の規定について、「子にとっては自ら選択ないし修正する余地のない事柄を理由としてその子に不利益を及ぼす」もので、「子を個人として尊重し、その権利を保障すべきであるとする考え」に反するものとして許されないと判断しています。最大判平成 25 年 9 月 4 日民集 67 巻 6 号 1320 頁。

で人を区別することは厳に慎まれなければならないとされ、それが許容されるには、その区別が特定の業務との関係で特に必要であることが具体的に証明されなければならないと考えられています。

　また、長年にわたって社会にこびりついてきた構造的差別や人の心にこびりついてきた偏見によって人が区別されることも、憲法上合理的な区別とはいえません。こうした差別をなくしていくために、これまで構造的な差別を受けていた女性や障害者などに対して、意識的かつ積極的にチャンスや機会を与えていく必要があると考えられています。差別是正に向けたこうした積極的な取組みのことを「ポジティブ・アクション」や「アファーマティブ・アクション（積極的差別是正措置）」と呼ぶことがあります。実際、このような憲法上の要請を受けて、男女雇用機会均等法や障害者雇用促進法などが制定されています。

　ところで、HR テクノロジーの領域では、社会においてこれまで存在してきた構造的な差別が、AI の判断を歪ませ、特定の集団に差別的な影響をもたらすことがあります。例えば、エンジニアの職は以前から男性優位とされてきたため、優秀なエンジニアを採用するための AI モデルを構築する際に AI が学習するデータに、男性のデータが過剰に反映され、女性のデータが過少にしか反映されないといった問題（「過少代表（underrepresentation）」と呼びます）が生じえます。それにより、女性に不利な採用になってしまうことがありうるのです。[11]

　また、米国では、AI を使った動画面接が差別的であるとして、2019 年 11 月、人権擁護団体（Electronic Privacy Information Center, EPIC）が米国連邦取引委員会（Federal Trade Commission, FTC）に調査を要請しました。同団体によれば、「アルゴリズムが限られたデータで訓練されているため、白人や男性などのいわゆる『伝統的な』応募者を選ぶ可能性がより高くな」り、「その結果、英語が母国語ではない人や身体に障害がある人など、『伝統』から逸脱している応募者は、採用可能性スコアが下がる可能性が高い」[12]というのです。

11）　AI を使ったアマゾンの採用プログラムは、実際に女性に対し差別的な影響を与えていたとされています。

12）　「AI 採用ツールは不公平、米人権擁護団体が当局へ調査要請」MIT Technology Review（11/11/2019）。

こうした懸念もあって、例えば米国イリノイ州は、AI 面接を行う場合には、志願者に事前に告知して同意を得ることなどを規定した「AI 動画面接規制法（Artificial Intelligence Video Interview Act）」を制定させています（2019 年 11 月制定）。

　HR テクノロジーを実装する場合には、データの偏りなどから特定の集団に対して差別的な影響が出ないよう細心の注意を払うとともに、経時的にその影響（impact）を査定し、その結果をアルゴリズムに反映させるといった、差別防止のエコ・システムを構築する必要が出てくる場合があるでしょう（人事データ利活用原則（後記 4（2）及び巻末資料参照）「5. 正確性、最新性、公平性原則」参照）。憲法の平等原則は、HR テクノロジー領域におけるアルゴリズムの公正性・公平性を要請するということです。

(5) 労働基本権（憲法 28 条）と労働法制

　最後に、労働基本権を挙げておきます。

　憲法 28 条は、「勤労者の団結する権利及び団体交渉その他の団体行動をする権利は、これを保障する」と規定しています。ここに掲げられた、いわゆる「労働基本権」は、現実の労使間の力の差を踏まえて、劣位にある労働者の力を補強（エンパワー）し、使用者と対等の立場に立たせることを目的としています。具体的には、①労働者が、労働条件の維持・改善を目的に、団体を組織する権利（団結権又は労働組合結成権）、②労働者の団体が、使用者と労働条件について交渉する権利（団体交渉権）、③労働者の団体が、労働条件の交渉を有利に進めるために団体行動を行う権利（団体行動権又は争議権）の三権が保障されています。

　このような労働三権を実現する法律には複数のものがあります。代表的なのは、「労働三法」とよばれる、①労働組合法（労組法）、②契約の自由に介入して国が労働時間等を定める労働基準法（労基法）、③労働関係の公正な調整を目的とする労働関係調整法（労調法）でしょう。

---

13)　労調法は、労働争議を予防又は解決するために、労働委員会に対して、あっせん、調停、仲裁を行う権限を付与しています。

　①の労組法は、（A）使用者は、労働者が労働組合の組合員であることなどを理由に不利益を課してはならないこと、（B）正当な理由なく団体交渉を拒否することができず、団体交渉の結果成立した労働協約は法規範としての効力を持ち、これに反する労働契約は無効となること、（C）争議行為は民事及び[14]刑事責任を免除されることなどを定めています。また、労組法は、このような[15]保障を実効的なものとするために、使用者の代表、労働者の代表、公益の代表によって構成される労働委員会を設置し、労働争議の調整（あっせん、調停及び仲裁）を図る権限や、不当労働行為（組合員であることを理由とする不利益取扱いや正当な理由のない団体交渉の拒否等）を審査し、救済命令を与える権限などを与えています。労働委員会には、国の機関である中央労働委員会と、都道府県の機関である都道府県労働委員会が存在しています。

　このような手続は、HR テクノロジーと無関係ではありません。例えば、日本 IBM の労働組合は、Watson という AI を使った従業員の人事評価・賃金決定について、「判断過程がブラックボックス」であると主張して、その仕組みの開示を求めて団体交渉を行いました。しかし、会社側がこれに応じなかったため、それが不当労働行為に当たるとして、2020 年 4 月に東京都労働委員会に対して救済申立てを行っています。

　HR テクノロジーの実装にあたっては、労働組合とのコミュニケーションが重要になることもあるでしょう。

4　関連する AI 原則と、人事データ利活用原則の概要

(1)　関連する AI 原則

　これまで、国の基本法である憲法を中心に、HR テクノロジーと関連する法令を概観してきました。しかし、それはあくまで「関連する」法令であって、

---

14)　なお、労組法が定める団体交渉の手続によらない交渉を「労使協議」といいます。

15)　もっとも、労組法 1 条 2 項は、「いかなる場合においても、暴力の行使は、労働組合の正当な行為と解釈されてはならない」と規定しており、他人の生命・身体に危害を及ぼす行為を「正当な争議行為」から外しています。

日本には、今のところ、プロファイリングを含む HR テクノロジーを直接規律する法令は存在していません。HR テクノロジーを実装・運用するにあたっては、関連法令の趣旨や考え方を熟知しておくことが必要ですが（詳しくは第 2 章以下をお読みください。）、加えて、AI の利用について政府が公表している以下のような原則を理解しておく必要があります。

① 　内閣府「人間中心の AI 社会原則」（2019 年 3 月）

　　これは、AI の適切で積極的な社会実装を推進するため、各ステークホルダーが留意すべき基本原則を定めたものです。全部で 7 原則あります。以下、HR テクノロジーと関連するものについて、簡単に要約しておきます。

1. 人間中心の原則：AI の利用は、憲法及び国際的な規範の保障する基本的人権を侵すものであってはならない。

2. 教育・リテラシーの原則：AI を前提とした社会において、我々は、人々の間に格差や分断が生じたり、弱者が生まれたりすることは望まない。したがって、AI に関わる政策決定者や経営者は、AI の複雑性や、意図的な悪用もありえることを勘案して、AI の正確な理解と、社会的に正しい利用ができる知識と倫理を持っていなければならない。AI の利用者側は、AI が従来のツールよりはるかに複雑な動きをするため、その概要を理解し、正しく利用できる素養を身につけていることが望まれる。

3. プライバシー確保の原則：AI を前提とした社会においては、個人の行動などに関するデータから、政治的立場、経済状況、趣味・嗜好等が高精度で推定できることがある。これは、単なる個人情報を扱う以上の慎重さが求められる場合があることを意味する。パーソナルデータが本人の望まない形で流通したり、利用されたりすることによって、個人が不利益を受けることのないよう、各ステークホルダーはパーソナルデータを扱わなければならない。

4. セキュリティ確保の原則：AI の積極利用により、セキュリティに対する新たなリスクが生じることを踏まえ、社会は常にベネフィットとリス

16

クのバランスに留意し、全体として社会の安全性及び持続可能性が向上
するように努めなければならない。

5. 公正競争確保の原則：新たなビジネス、サービスを創出し、持続的な
経済成長の維持と社会課題の解決策が提示されるよう、公正な競争環境
が維持されなければならない。

6. 公平性、説明責任及び透明性の原則：AI の利用によって、人々が、そ
の人の持つ背景によって不当な差別を受けたり、人間の尊厳に照らして
不当な扱いを受けたりすることがないように、公平性及び透明性のある
意思決定とその結果に対する説明責任（アカウンタビリティ）が適切に
確保されるとともに、技術に対する信頼性（Trust）が担保される必要
がある。AI の設計思想の下において、人々がその人種、性別、国籍、
年齢、政治的信念、宗教等の多様なバックグラウンドを理由に不当な差
別をされることなく、全ての人々が公平に扱われなければならない。
AI を利用しているという事実、AI に利用されるデータの取得方法や使
用方法、AI の動作結果の適切性を担保する仕組みなど、状況に応じた
適切な説明が得られなければならない。

7. イノベーションの原則：継続的なイノベーションを目指すため、人
材・研究の両面から、徹底的な国際化・多様化と産学官民連携を推進す
るべきである。

② 総務省「AI 利活用原則」（2019 年 8 月）

これは、①で紹介した AI 社会原則を受けて、AI の利用者（AI を利用
してサービスを提供する者を含む）が利活用段階において留意することが期
待される事項を「原則」としてまとめたものです。以下、概要のみ記載し
ます。

1. 適正利用の原則：人間と AI システムとの間及び利用者の間における
適切な役割分担のもと、適正な範囲及び方法で AI を利用するよう努め
ること。

2. 適正学習の原則：AI の学習等に用いるデータの質に留意すること。

3. 連携の原則：AI システム又は AI サービス相互間の連携に留意するこ

と。AI がネットワーク化することによってリスクが惹起・増幅される可能性に留意すること。

4. 安全の原則：AI の利用により、生命・身体・財産に危害を及ぼすことがないよう配慮すること。

5. セキュリティの原則：AI のセキュリティに留意すること。

6. プライバシーの原則：AI の利活用において、プライバシーが侵害されないよう配慮すること。

7. 尊厳・自律の原則：人間の尊厳と個人の自律を尊重すること。

8. 公平性の原則：AI の判断にバイアスが含まれる可能性があることに留意すること。個人及び集団が不当に差別されないよう配慮すること。

9. 透明性の原則：AI の入出力等の検証可能性及び判断結果の説明可能性に留意すること。

10. アカウンタビリティの原則：アカウンタビリティを果たすよう努めること。

（2） 人事データ利活用原則

　ピープルアナリティクス＆ HR テクノロジー協会は、先述した関連法令、（1）で挙げた AI 原則、プロファイリングをめぐる国際動向[16]、さらには、パーソナルデータ＋α 研究会による「プロファイリングに関する提言」などを受けて、HR テクノロジーの実践・運用を踏まえた人事データ利活用原則を策定しました（2020 年 3 月）（巻末資料参照）。これらの諸原則は、HR テクノロジーを実践・運用する事業者が社会的・倫理的責任を果たす上で参照すべきチェックリストとして機能することが期待されています。

16）　EU の GDPR は、プロファイリングに関するいくつかの規定を有しています。例えば、第 22 条は、個人の人生に重要な影響を与える決定（融資や採用など）については、プロファイリングを含む自動的判断のみでこれを行ってはならないと定めています。もっとも、本人の明確な同意がある場合などは、重要事項についても例外的に完全自動意思決定を行えますが、その場合でも、当該決定について本人が争う権利を認めなければならないと規定されています。GDPR の日本語仮訳として、個人情報保護委員会ウェブサイト（https://www.ppc.go.jp/files/pdf/gdpr-provisions-ja.pdf）参照。

　この人事データ利活用原則は、社会の情勢に応じて適時に改正しており、個人情報保護法の改正内容等の動向を踏まえ、2022 年 4 月 30 日付けで改訂をしています。以下、その内容について説明します（なお、丸括弧内で参照される法は、すべて個人情報保護法を意味します。）。

（参考）2022 年 4 月 30 日付け人事データ利活用原則の改正内容

　この改正では、2020 年個人情報保護法改正により仮名加工情報の制度が追加され、事業者内部で個人情報を様々な分析に活用できるようになったこと等を踏まえて、「データ利活用による効用最大化の原則」にデータの利活用を促進する目的で個人情報保護法に設けられた諸制度を活用していくことも有用であることを追記しました

　また、2020 年個人情報保護法改正ではプロファイリングを直接対象とする規律までは設けられなかったものの、利用停止・消去の要件の緩和、不適正利用の禁止、第三者提供記録の開示、提供先において個人データとなることが想定される情報の本人同意といったプロファイリングに関連する規律が設けられました。これに応じて、「利用制限の原則」（個人関連情報、不適正利用禁止関係）や「アカウンタビリティの原則」（利用停止・消去の要件緩和、第三者提供記録の開示義務化関係）を一部修正しました。

　そのほか、2021 年個人情報保護法改正に伴い、個人情報保護法の条文番号を修正するなどの形式面の修正も行いました。

---

① 　データ利活用による効用最大化の原則

　事業者は、ピープル・アナリティクス又は HR テクノロジーの導入の目的・動機・利益を明確にし、データを活用する側や評価する側だけでなく、被評価者である入社希望者や従業員等に対して提供される利益・価値を明確にすることが望ましく、情報の利活用によって、労使双方にとっての効用の最大化を図るように努めなければならない。

　また、人事データの利活用にあたっては、例えば匿名加工情報や仮名加工情報のように、データの利活用を促進する目的で個人情報保護法に設けられた諸制度を活用していくことも有用である。

② 　目的明確化の原則

　　人事データの利用目的を明確化し、明示しなければならない。人事データは、その利用目的の範囲内で使用しなければならない。利用目的は、個別具体的に詳細な利用目的を列挙する必要まではないが、人事データがどのような事業の用に供され、どのような目的で利用されるかが従業員等にとって一般的かつ合理的に想定できる程度に特定されなければならない。

　　そして、人事データから従業員等に関する行動・関心等の情報を分析する場合には、どのような取扱いが行われているかを本人が予測・想定できる程度に利用目的を特定しなければならない。なお、高度なプロファイリングによって、従業員等が想定しない方法でその人事データが利用される場合等には、①そもそもプロファイリングを実施しているか、②実施している場合に、いかなる種別・内容のプロファイリングを実施しているかを明示することが望ましい。

　　また、企業における HR テクノロジーの導入は利用目的の変更に該当しうるため、従前の利用目的の範囲内か（法 17 条 1 項）、変更前の利用目的と関連性を有すると合理的に認められる利用目的の変更（同法 17 条 2 項）が可能かを検討しなければならない。また、併せて就業規則、個人情報保護規程等の改訂の要否を検討しなければならない。

③　利用制限の原則

　　利用目的の範囲を超えた利用を行う場合、予めの本人の同意（法 18 条 1 項）を取得しなければならない。また、プロファイリング結果を第三者提供する際の同意取得手続、警察等の国家機関からプロファイリング結果を求められた場合の手続など、具体的な事例を想定して、対応方法を予め定めておかなければならない。

　　Cookie やインターネットの閲覧履歴等の個人関連情報は、採用候補者等のプロファイリングに用いることも考えられるところ、個人関連情報取扱事業者がこのような個人関連情報（個人関連情報データベースを構成するものに限る。）を第三者に提供する際に、提供先において個人データとして取得することが想定されるときは、原則として、個人データとして取得することを認める旨の本人の同意が得られていることを確認しなければならない（法 31 条 1 項）。

　　違法又は不当な行為を助長し、又は誘発するおそれがある方法により個人情報を利用してはならない（法 19 条）。具体的には、プロファイリングの目的や得られた結果の利用方法等を踏まえて個別の事案ごとにプロファイリング利用の可否を判断しなければならず、プロファイリング実施時点において事業者の業務において要求される一般的な注意力をもってプロファイリング利用の可否を個別的に判断しなければならない。人種、信条、性別、社会的身分又は門地等に基づく差別的プロファイリングになっていないかについては、特に留意する必要がある。

④　適正取得原則

　　偽りその他不正の手段により個人情報を取得してはならず（法 20 条 1 項）、また、法定された場合を除き本人の人種、信条、社会的身分等の「要配慮個人情報」（法 2 条 3 項）を本人の同意なくして取得してはならない（法 20 条 2 項）。

　　プロファイリングにより、非要配慮個人情報から要配慮個人情報に該当する情報を推知することは、少なくとも HR テクノロジーの分野においては、要配慮個人情報保護の取得に準じた措置を講じるべきである。

　　職業紹介事業者等（労働者の募集を行う者も含む）は、求職者等の個人情報に関して、原則として、①人種、民族、社会的身分、門地、本籍、出生地その他社会的差別の原因となるおそれのある事項、②思想及び信条、③労働組合への加入状況を収集してはならないが、プロファイリングにより、これらの情報を推知することも「収集」と同視すべきである。

　　事業者が本人以外の第三者から人事データの提供を受ける場合、適法かつ公正な手段によらなければならない。[17] この場合、適法性・公正性を担保する措置として、本人の同意の取得などが想定されるが、その他の適法性・公正性の担保措置を検討することも考えられる（本人同意を得ることが不可能又は不適当である理由の特定、従業員等に対する利用目的の特定・明

---

17)　2022 年に職安法指針が改正されていますが、2022 年改正後の職安法指針では、職業紹介事業者等は、個人情報を収集する際には、①本人から直接収集し、②本人の同意の下で本人以外の者から収集し、又は③本人により公開されている個人情報を収集する等の手段であって、適法かつ公正なものによらなければならない、とされています（職安法指針第五・一（三））。

　　示、実施責任者及び権限の設定・明示、社内規程案の策定・周知、実施状況の
　　監査・確認、安全管理措置の確立、データ提供元の法の遵守状況の確認等)。

⑤　正確性、最新性、公平性原則

　　事業者が人事データに対しプロファイリング等の処理を実施する場合、
元データ及び処理結果双方の正確性及び最新性が確保されるように努めな
ければならない（法22条参照）。例えば、元データにバイアスがかかって
いて、当該バイアスが承継される結果、処理結果の不正確性等を回避する
必要がある。

　　また、このようなデータセットの偏向が、バイアス承継のみならず、公
平性にも影響することから、事業者は、プロファイリングに用いるデータ
セットについて、特定のデータセットの偏向による過少代表又は過大代表
が発生していないかをチェックし、可能な限りデータセットの公平性を保
たなければならない。

⑥　セキュリティ確保の原則

　　事業者がプロファイリングを実施する際は、プロファイリング結果の漏
洩、滅失、毀損によって本人が被る権利利益の侵害の程度を考慮し、リス
クに応じた安全管理措置を実施しなければならない。また、安全管理措置
の一環として、匿名化・仮名化処理を実施することにより、本人に対する[18]
プライバシー・インパクトを低減させるための方策を採ることができるか
を検討するよう努めなければならない。

　　特に健康情報（心身の状態に関する情報）等については、推知情報も含め、
取扱い範囲の制限、情報の削除・加工等の措置を検討すべきである[19]。

⑦　アカウンタビリティの原則

　　事業者はプロファイリングを実施する際、プロファイリングの実施方針
を公表し、組合、多数代表者等、労働者を代表する個人又は団体とプロフ

---

18)　匿名加工情報（法2条6項）の話をしているのではなく、当該人事データが「個人データ」
　　であることを前提に、安全管理措置の一環として当該分析の目的に氏名等が不必要である場合に、
　　氏名等を削除した上で分析してはどうか、という趣旨に出たものです。

19)　「雇用管理分野における個人情報のうち健康情報を取り扱うに当たっての留意事項」3・3（1）、
　　「労働者の心身の状態に関する情報の適正な取扱いのために事業者が講ずべき措置に関する指針」
　　2（9）②参照。

ァイリングについて協議することが望ましい。また、保有個人データの開示（第三者提供記録の開示も含む）、訂正等、利用停止等、苦情処理の手続を整備しなければならない（法 33 条以下）。

　第 2 原則で述べたとおり、高度なプロファイリングによって、従業員等が想定しない方法でその人事データが利用される場合等には、プロファイリングの対象者に対し、⓵そもそもプロファイリングを実施しているか、⑪実施している場合に、いかなる種別・内容のプロファイリングを実施しているかの明示をすることが望ましい。例えば、事業者が採用時や従業員の評価にプロファイリングを用いる場合、予めその説明の内容と程度（何をどこまで説明するか）について検討すべきである。事業者は、プロファイリングを用いて試用期間開始後の本採用拒否や懲戒解雇を行う場合には、本採用拒否又は解雇の客観的に合理的理由を示さなければならない（労働契約法 15 条、16 条参照。三菱樹脂事件・最大判昭和 48 年 12 月 12 日民集 27 巻 11 号 1536 頁参照）。

---

20)　東京高判昭和 50 年 12 月 22 日判時 815 号 87 頁は「労使関係が具体的に発生する前の段階においては、人員の採否を決しようとする企業等の側に、極めて広い裁量判断の自由が認められるべきものであるから、企業等が人員の採否を決するについては、それが企業等の経営上必要とされる限り、原則として、広くあらゆる要素を裁量判断の基礎とすることが許され、かつ、これらの諸要素のうちいずれを重視するかについても、原則として各企業等の自由に任されているものと解さざるをえず、しかも、この自由のうちには、採否決定の理由を明示、公開しないことの自由をも含むものと認めねばならない」と指摘しています。このように、（プロファイリングを前提としない）一般の採用に関する裁判例によれば、事業者が裁量判断の基礎となった採否決定理由の明示、公開をすることは採用段階では自由とされています。しかし、プロファイリングの特殊性を加味して企業としてのアカウンタビリティの果たし方を検討しておくべきです。なお、2015 年改正前の個人情報保護法の下の「雇用管理分野における個人情報保護に関するガイドライン：事例集」13 頁は、保有個人データの開示請求に関して「人事評価、選考に関する個々人の情報」は非開示とできる事項としつつも「評価の基準を作成している場合、基準自体は個人情報には該当しないが、その基準自体を公開することは望ましい」とします。また、厚生労働省のパンフレット『雇用管理に関する個人情報の取り扱いについて』（平成 24 年 5 月）は、非開示事項とする際に労働組合との協議をすることが望まれることを指摘します。なお、このアカウンタビリティの検討は必ずしもすべての仕組みの公開を意味しません。例えば、特定の要素を採用の際に重視することを公表すれば、多くの求職者がそれを履歴書で強調する等の「ゲーミング」の問題も生じうるため、このような弊害も考慮しつつ企業としてのアカウンタビリティの果たし方を検討すべきです。

⑧　責任所在明確化の原則

　　グローバルに多極的に変化する情勢を的確に把握し、個人の権利利益の保護と利活用の適切なバランスを実現するため、ピープル・アナリティクスを専門に行う部署の設立及び全社的な人事データ保護の在り方に責任を持つデータプロテクションオフィサー等の選任により、責任の所在を明確にするなどの組織体制を確立すべきである。具体的には、①データ活用に関する責任の明確化、ⅱ専門部門による審査の厳格化、ⅲデータ利活用に関する判断基準やルールの整備を行い、部門間の垣根を越えた利活用に関する審査、検討、設計及び運用を行わなければならない。

⑨　人間関与原則

　　採用決定、人事評価、懲戒処分、解雇等にプロファイリングを伴う HR テクノロジーを利用するに当たっては、そのプロセスに人間を関与させることの要否を検討しなければならない。具体的には、HR テクノロジーを導入・利用する際の利用目的・利用態様について、事前に人間による大綱的な方針決定を行うとともに、完全自動意思決定に対する不服申立てが事後にあった場合に人間による再審査を行う方法などが想定される。このような方法により、人間が最終的な責任の所在であることを明確にし、アルゴリズムのブラックボックス性による無責任なデータ利活用が回避されるよう運用されなければならない。

　先述のように、HR テクノロジーの実装・運用にあたっては、関連法令の趣旨や考え方を熟知しておくのはもちろん、関連する AI 原則、さらには、いま挙げた人事データ利活用原則の内容を十分に踏まえ、HR テクノロジーの法的・倫理的リスクを抑制しながら、そのメリットを最大化させていくことが求められます。

コラム：個人情報保護法の３層規律（個人情報、個人データ、保有個人データ）

　個人情報保護法では、個人の権利利益の保護と事業者負担の調和を図る観点か

ら、情報の種別に応じて、適用される規律が異なっています。

　具体的には、「個人情報」「個人データ」「保有個人データ」という 3 種類の情報（注 1）について、それぞれ前者が後者を包含する関係であり、上記の順に後者ほど適用される規律が加重されるという 3 層構造となっています。以下では、各情報の内容と適用される規律について概観します。

（1）個人情報

　「個人情報」とは、生存する個人に関する情報であって、①当該情報に含まれる記述等により特定の個人を識別することができるもの（他の情報と容易に照合することができ、それにより特定の個人を識別することができることとなるものを含む。）又は②個人識別符号が含まれるもの、のいずれかに該当するものをいいます（個情法 2 条 1 項）。

　取り扱う情報が「個人情報」に該当する場合、個人情報保護法第 4 章の規定のうち、情報の取得や利用に関するルールが適用されます。また、個人情報の取扱いに関する苦情の適切かつ迅速な処理に努めなければならないとされています。具体的な適用条項は、以下のとおりです（注 2）。

- 17 条（利用目的の特定）
- 18 条（利用目的による制限）
- 19 条（不適正な利用の禁止）
- 20 条（適正な取得）
- 21 条（取得に際しての利用目的の通知等）
- 40 条（個人情報取扱事業者による苦情の処理）

（2）個人データ

　「個人データ」とは、「個人情報データベース等」を構成する個人情報をいいます（個情法 16 条 3 項）。この「個人情報データベース等」とは、概要、個人情報を含む情報の集合物であって、特定の個人情報を検索することができるように体系的に構成したものをいいます（同条 1 項）。なお、適法に作成、販売されている市販の名簿等を、生存する個人に関する他の情報を加えずに本来の用途で利用している場合は、「個人情報データベース等」に該当しません（個情法施行令 4 条 1 項）。

　取り扱う情報が「個人データ」に該当する場合、個人情報保護法第 4 章の規定

のうち、情報の管理や提供に関するルールが適用されます。具体的な適用条項は、以下のとおりです。

- 22 条（データ内容の正確性の確保等）
- 23 条（安全管理措置）
- 24 条（従業者の監督）
- 25 条（委託先の監督）
- 26 条（漏えい等の報告等）
- 27 条（第三者提供の制限）
- 28 条（外国にある第三者への提供の制限）
- 29 条（第三者提供に係る記録の作成等）
- 30 条（第三者提供を受ける際の確認等）

（3）保有個人データ

　「保有個人データ」とは、個人情報取扱事業者が、開示、内容の訂正、追加又は削除、利用の停止、消去及び第三者への提供の停止を行うことのできる権限を有する個人データをいいます（個情法 16 条 4 項）。ただし、当該個人データの存否が明らかになることにより、本人又は第三者の生命、身体又は財産に危害が及ぶおそれがあるものなど、一定のものは除外されています（個情法施行令 5 条）。

　取り扱う情報が「保有個人データ」に該当する場合、個人情報保護法第 4 章の規定のうち、公表事項や開示請求等への対応に関するルールが適用されます。具体的な適用条項は、以下のとおりです。

- 32 条（保有個人データに関する事項の公表等）
- 33 条（開示）
- 34 条（訂正等）
- 35 条（利用停止等）
- 36 条（理由の説明）
- 37 条（開示等の請求等に応じる手続）
- 38 条（手数料）
- 39 条（事前の請求）

　上記のとおり、個人情報保護法を遵守するためには、取り扱う情報が「個人情

報」「個人データ」「保有個人データ」のいずれに該当するのかを判断し、それぞれに適用される規律を理解した上で遵守することが重要です。

(注1) 個人情報保護法が規定する他の情報としては、仮名加工情報（個情法 2 条 5 項）、匿名加工情報（同条 6 項）及び個人関連情報（同条 7 項）があります。また、安全管理措置義務等の対象となる削除情報等（個情法 41 条 2 項）や加工方法等情報（個情法施行規則 35 条 1 号）、開示請求の対象となる第三者提供記録（個情法 33 条 5 項）といった情報についてもルールが定められています。

(注2) これらの規定は、「個人情報データベース等」（本文 (2) 参照）を事業の用に供している者である「個人情報取扱事業者」（個情法 16 条 2 項）の義務として規定されています。しかし、「個人情報取扱事業者」に該当する場合には、取り扱う情報それ自体が「個人情報データベース等」を構成しない場合であっても、当該情報が「個人情報」に該当するときは、「個人情報」に関する上記各規定を遵守する必要があります。

確認問題

問題1 HR テクノロジーのメリットの一つに、「インクルージョン」（包摂性）の実現がある。

解答 ○

解説 人間の偏見等によりこれまで排除されてきた者に機会を与え、社会や組織に包摂していくというメリットを有します。

問題2 HR テクノロジーの唯一最大の目的は、経営の在り方や組織の効率化を図ることである。

解答 ×

解説 個人の能力等を最大限引き出し、その自己実現に寄与する目的も含まれています。

問題3 憲法学の一般的な理解によれば、憲法は国家権力のみを規律する公法であ

るから、民間企業に対しては全く効力を及ぼさない。

解答　×
解説　通説は、社会的権力に対する憲法の間接効力を認めています。

問題4　憲法は、国会が制定する法律の一種であって、法的に民法と同様の地位を有している。

解答　×
解説　憲法は、国民が制定した法規範であり、最高法規性を有しています。

問題5　最高裁判所の判例によれば、憲法13条は、個人の私生活上の自由の一つとして、個人に関する情報をみだりに第三者に開示又は公表されない自由を保障している。

解答　○
解説　住基ネット判決参照。

問題6　自己情報コントロール権の考えによれば、個人は、自己に関する情報を、誰と、どこまでシェア（共有）するかを自ら決定する権利を有する。

解答　○
解説　本文中で解説した自己情報コントロール権の学説の考え方です。

問題7　自己情報コントロール権の考えによれば、個人は、自己に関する情報を排他的に所有する絶対的な権利を有する。

解答　×
解説　自己情報コントロール権は、関係性の構築に関わる人格権として一般に理解されており、一般に所有権モデルは否定されています。

問題8　事業者が個人情報保護法の定める義務に違反した場合、個人情報保護委員会により、是正行為のために必要な措置をとるようにとの勧告を受け、緊急を要する場合には、必要な措置をとるようにとの命令を受けることがある。

解答　○

解説　個人情報保護法 148 条参照。

問題 9　個人情報保護法は、特定の個人を識別することができる情報を「個人情報」として定義しているが、単体では特定の個人を識別できない情報であっても、他の情報と容易に照合でき、それにより特定の個人を識別することができる場合には「個人情報」の定義に含まれる。

解答　○

解説　個人情報保護法 2 条 1 項参照。

問題 10　個人情報保護法は、個人情報保護法のなかでも、「人種、信条、社会的身分、病歴、犯罪の経歴」など、「本人に対する不当な差別、偏見その他の不利益が生じないようにその取扱いに特に配慮を要するもの」を「要配慮個人情報」と呼び、本人の同意の有無にかかわらず、一定の安全措置の下で積極的に利活用することを認めている。

解答　×

解説　前段は正しいですが、後段は誤りです。後段は匿名加工情報のことを述べています。要配慮個人情報については、その取扱いについて、特に本人の同意を必要とするなど、個人情報よりも手厚い保護を与えています。

問題 11　最高裁判所の判例によれば、憲法 14 条は、人種、信条、性別、社会的身分、門地による差別のみを禁止している。

解答　×

解説　最高裁は、これらの事項は例示にすぎず、他の事項に基づく合理的根拠のない差別も禁止されると説いています。

問題 12　企業等が、登用等の面で女性を有利に取扱い、実質的な機会均等を実現するなど、従前の社会的・構造的差別の解消に向けた積極的な措置を講じることを「ポジティブ・アクション」と呼ぶ。

解答　○

　解説　本文中で解説したポジティブ・アクションの概念を参照してください。

問題 13　憲法及び労働組合法によれば、会社は、正当な理由なく、労働組合による団体交渉を拒否することができない。

　解答　○
　解説　団体交渉権は憲法 28 条の保障する労働基本権の一つであり、使用者は正当な理由なく、団体交渉を拒否できません（労組法 7 条 2 号参照）。

問題 14　人事データ利活用原則によれば、高度なプロファイリングによって、従業員等が想定しない方法でその人事データを利用するような場合には、①プロファイリングを実施しているか、②実施している場合に、いかなる種別・内容のプロファイリングを実施しているかを明示することが望ましい。

　解答　○
　解説　人事データ利活用原則の目的明確化の原則参照。

問題 15　人事データ利活用原則によれば、採用決定や人事評価等にプロファイリングを伴う HR テクノロジーを利用する際には、人間の関与の要否を検討する必要がある。

　解答　○
　解説　人事データ利活用原則の人間関与原則参照。

第2章
雇用関係の開始（採用）とHRテクノロジー

本章の目的

　本章は、企業が採用活動を行う際にHRテクノロジーを用いる場合の留意点について学ぶことを目的とします。まず採用時に活用されるHRテクノロジーの概要を確認した上で（1）、企業の採用の自由とその限界（2）、採用の場面における人事データの規律について解説します（3）。

　その上で、HRテクノロジーを用いた採用決定を行う場合に検討すべき問題として、AIの誤った判断の取扱い、推知の取扱い、人間関与原則に基づく採用の在り方の問題を検討します（4）。

1　採用時に活用される HR テクノロジー

(1)　具体例

　まず、採用選考で活用される HR テクノロジーの具体例を確認しておきましょう。現代社会では、エントリー・書類選考、適性検査、面接等の様々な段階において HR テクノロジーが活用されています。

　エントリー・書類選考の段階では、AI を用いたエントリーシートの選別を行っている会社が多くなってきました。例えば、ソフトバンクでは、過去のエントリーシート選考のデータを学習した IBM の Watson を導入し、新卒採用のエントリーシート選考を行っています[1]。

　適性判断との関係では、例えばセプテーニグループでは、独自の人材育成方程式をベースとして相性の定量化を行い、2009 年より蓄積した約 6000 名のデータを用いて活躍予測モデルを設計し、活躍予測モデルを活用した採用活動を行っています[2]。

　面接段階では、AI が面接官となる AI 面接という手法も導入されつつあります。

(2)　テクノロジーの発展によるマッチングの多様化

　近年では、テクノロジーの発展により、マッチング方法も多様化しています。

　従来、高年収職種を民間職業紹介事業者、比較的年収の低い職種をハローワークが扱う等の棲み分けがされてきましたが、近年では民間職業紹介事業者の取り扱う職種・年収下限が拡大しています。また、求人メディアがインターネット化し、幅広い職種・年収を取扱うようになりました。さらに、IT 技術の

---

1)　ソフトバンク株式会社「新卒採用選考における IBM Watson の活用について」（2017 年 5 月 29 日）（https://www.softbank.jp/corp/group/sbm/news/press/2017/20170529_01/）。

2)　セプテーニグループウェブサイト（https://www.septeni-holdings.co.jp/recruitment/hr_development/concept/）。

【図表 2-1　雇用仲介機能のイメージ】

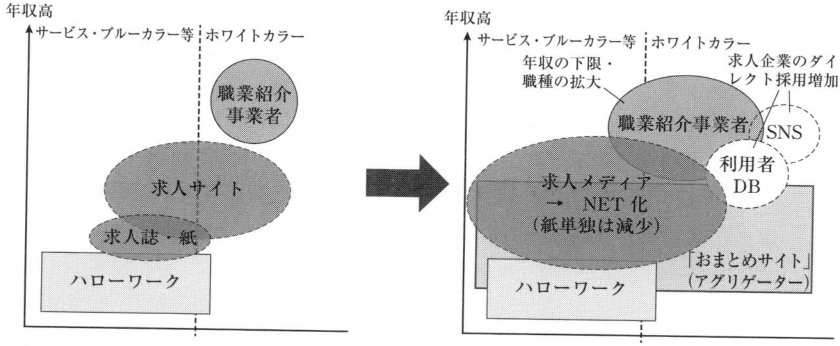

（出典）研究会報告書・資料 7

進展により、アグリゲーター（おまとめサイト）や利用者データベース・SNS
を利用した求人企業のダイレクト採用も増加しています。[3]

（3）多様な人材サービスの類型[4]

（A）職業紹介

　職業紹介事業者は、求職者から求職者情報登録を受け、求人企業から求人情
報登録を受けて、求職者と求人企業のマッチングを行い、雇用関係の成立をあ
っせんする人材サービスです。職業紹介事業者は、職業安定法に基づく許可を
受ける必要があります（有料職業紹介事業につき職安法 30 条 1 項、無料職業紹介
事業につき職安法 33 条 1 項）。

---

3)　本段落について、労働市場における雇用仲介の在り方に関する研究会「労働市場における雇用
　仲介の在り方に関する研究会　報告書」（令和 3 年 7 月 13 日。以下本章において「研究会報告書」
　といいます。）・資料 7 参照。
4)　本項目における多様な人材サービスに関する各説明は、研究会報告書・資料 7 を参考としてい
　ます。

【図表 2-2　人材サービスの類型：職業紹介】

（出典）研究会報告書・資料 7

（B）委託募集

委託募集は、求人企業がその被用者以外の募集受託者に募集の委託を行い、募集受託者が求職者に対して被用者となることの勧誘を行う人材サービスです。有料で委託する場合は職業安定法に基づく許可（職安法 36 条 1 項）、無料で委託する場合は職業安定法に基づく届出が必要となります（同条 3 項）。

（C）求人メディア

求人メディアは、求人企業の依頼を受け求人情報の作成や掲載を行い、求職者が自ら求人情報を検索し応募する形態の人材サービスです。求職者の希望条件・登録情報やサイト内の行動をもとに、検索結果の並び替えやリコメンドを行う場合もあります。

（D）人材データベース

人材データベースは、求職者や潜在求職者の情報を求人企業や職業紹介事業者に対して提供し、求人企業や職業紹介事業者が求職者情報を検索しスカウトを送付する形態の人材サービスです。求職者が自ら情報を登録するだけでなく、候補者の情報をクローリング・収集するサービスもあります。また、条件に合致する求職者を求人企業等にリコメンド、ランク・合致率付けなどして提示する場合もあります。

【図表 2-3　人材サービスの類型：委託募集】

（出典）研究会報告書・資料 7

【図表 2-4　人材サービスの類型：求人メディア】

（出典）研究会報告書・資料 7

【図表 2-5　人材サービスの類型：人材データベース】

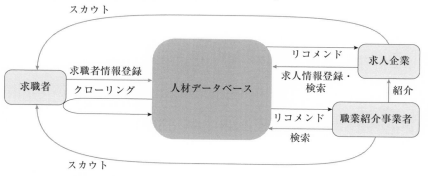

（出典）研究会報告書・資料 7

【図表 2-6　人材サービスの類型：アグリゲーター】

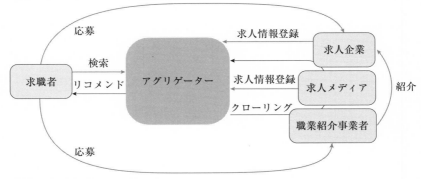

（出典）研究会報告書・資料 7

（E）アグリゲーター

　アグリゲーター（おまとめサイト）は、インターネット上に公開されている求人情報をクローリング・収集し又は求人企業等からの求人情報の登録を受け付ける一方で、求職者が自ら求人情報を検索し応募する形態の人材サービスです。求職者の情報やサイト内の行動をもとに、検索結果の並び替えやリコメンドを行う場合もあります。

（F）SNS

　SNS は、求職者、求人企業、職業紹介事業者を含め、不特定多数の利用者が自らの情報を開示するプラットフォームです。利用者同士が SNS に登録して、そのなかでやり取りをします。求人情報として投稿することを目的とした機能を有するサービスも存在します。

（G）スポットマッチング

　スポットマッチングは、求人企業が短時間の求人情報を登録する一方で、求職者も予め自らの情報を登録し、求職者の応募によりアプリ等のサービス内でマッチングし、雇用契約を成立させる人材サービスです。

【図表 2-7　人材サービスの類型：SNS】

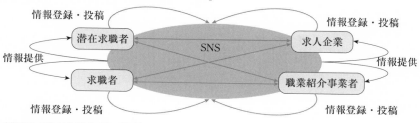

（出典）研究会報告書・資料 7

【図表 2-8　人材サービスの類型：スポットマッチング】

（出典）研究会報告書・資料 7

【図表 2-9　人材サービスの類型：クラウドソーシング】

（出典）研究会報告書・資料 7

（H）　クラウドソーシング

　クラウドソーシングは、業務委託契約を締結する発注者と受注者のプラット
フォームです。発注する業務・タスク情報を登録する発注者と、自分のスキル
情報を登録する受注者が、互いの情報を検索することができます。

（I）　職安法上の分類

（a）2022 年職安法改正前[5]

　2022 年職安法改正前では、「職業紹介」及び「委託募集」という伝統的な人材サービスの他、求人メディアが「募集情報等提供事業」にほぼ該当するものと考えられてきました。

　求職者の情報を求人者に提供する人材データベースは「募集情報等提供事業」に該当しうる一方で、求職者の情報を職業紹介事業者などに提供するような人材データベースは「募集情報等提供事業」に該当しない可能性がありました。

　アグリゲーターも求人企業からの求人情報の掲載依頼に基づき求職者にこれを提供する場合には「募集情報等提供事業」に該当しますが、インターネットから情報収集する場合には「募集情報等提供事業」に該当しないと考えられていました。

　SNS も、求人情報として投稿することを目的とした機能を有するサービスであったとしても、「募集情報等提供事業」に該当しないと考えられていました。

　スポットマッチングは、基本的には「職業紹介」となり、場合によっては「募集情報等提供事業」に該当する場合もありました。

　クラウドソーシングは、いわゆる請負的なものを仲介していることから、求人者・求職者の仲介を対象とする職安法の規制範囲ではありません。

（b）2022 年職安法改正後

　このようにインターネット上の様々な人材サービスが登場していることを踏まえて、2022 年職安法改正により、「募集情報等提供」に該当するサービスが次の 4 類型に拡大されました（職安法 4 条 6 項 1〜4 号）。これにより、求人情報・求職者情報をクローリングして提供する場合や他の求人メディアに掲載されている求人情報を転載する場合も、「募集情報等提供」に含まれることになりました。

　5）　2022 年職安法改正前の状況について、「第 13 回労働市場における雇用仲介の在り方に関する研究会議事録」（令和 3 年 5 月 25 日開催）〔事務局発言〕。

①　労働者の募集を行う者等（労働者の募集を行う者、募集受託者）又は職業紹介事業者その他厚生労働省令で定める者（職業紹介事業者等。④も同じ。）等の依頼を受け、労働者の募集に関する情報を労働者になろうとする者又は他の職業紹介事業者等に提供すること

②　①の他、労働者の募集に関する情報を、労働者になろうとする者の職業の選択を容易にすることを目的として収集し、労働者になろうとする者等（労働者になろうとする者又は職業紹介事業者等。③も同じ）に提供すること

③　労働者になろうとする者等の依頼を受け、労働者の募集に関する情報を労働者の募集を行う者、募集受託者又は他の職業紹介事業者等に提供すること

④　③の他、労働者になろうとする者に関する情報を、労働者の募集を行う者の必要とする労働力の確保を容易とすることを目的として収集し、労働者の募集を行う者等に提供すること

　さらに、労働者になろうとする者に関する情報を収集して募集情報等提供事業を行う者は「特定募集情報等提供事業者」とされ、事前の届出制が導入されました（職安法 4 条 11 項、43 条の 2 第 1 項）。例えば、「人材データベース」などのサービスは「特定募集情報等提供事業者」の規律対象になります。

(4) HR テクノロジーのメリット・デメリット

　HR テクノロジーを用いた採用活動には、採用活動の効率化、企業と採用予定者とのマッチングの最適化、人材の適正配置・有効活用等の様々なメリットがあります。

　他方で、大手 IT 企業の開発していた AI を活用した人材採用システムが過去データのバイアス等から女性差別的な判断をする欠陥が発覚して、開発が中止されたことがあります。また、就職情報サイトが展開するサービスにおいて、内定辞退率を予測してユーザーの同意なく採用企業に提供した行為について、個人情報保護委員会により勧告が出されたこともあります。HR テクノロジーを活用する際には各種法規制に留意する必要があり、法律違反ではない場合で

も企業のレピュテーションを低下させないように倫理・道徳面への配慮が必要とされます。

2　採用の自由と制約

(1)　一般的な採用プロセスにおける法的規律

　一般的な採用プロセスは、例えば、募集⇒エントリー⇒書類選考⇒選考手続（試験・面接）⇒採用内々定⇒内定⇒入社⇒（試用期間）⇒本採用というように進行します。[6]

　通常、内々定の段階では労働契約は成立せず事実上の関係にとどまり、採用内定通知の時点で始期付解約権留保付労働契約が成立します（大日本印刷事件・最 2 小判昭和 54 年 7 月 20 日民集 33 巻 5 号 582 頁）。始期付解約権留保付労働契約とは、翌年 4 月から労働契約が開始するというような契約の「始期」が付されるとともに、採用内定取消事由がある場合に使用者が行使できる「解約権」の「留保」が付された労働契約のことをいいます。

　また、入社後一定期間について試用期間を設けている場合、実情にもよりますが、通常は試用期間中の試用契約は企業において試用期間中に当該労働者が不適格であると認めたときは解約できる旨の解約権を留保した解約権留保付労働契約が成立しているものと考えられます（三菱樹脂事件・最大判昭和 48 年 12 月 12 日民集 27 巻 11 号 1536 頁）。

　このように、採用内定段階や試用段階で使用者側は解約権を留保しているものの、適法に解約権を行使するためには高いハードルがあります。内定取消しが問題となった大日本印刷事件では、「採用内定当時知ることができず、また知ることが期待できないような事実であつて、これを理由として採用内定を取消すことが解約権留保の趣旨、目的に照らして客観的に合理的と認められ社会通念上相当として是認することができるもの」に限り、留保解約権の行使が認められるとされました。また、試用期間後の本採用拒否が問題となった三菱樹

---

　6)　HR テクノロジー（2018）110 頁〔倉重公太朗〕。

【図表2-10　採用プロセスの法律関係】

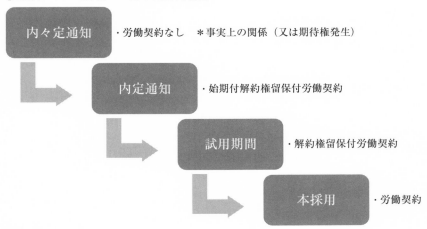

※筆者作成

脂事件では「解約権留保の趣旨、目的に照らして、客観的に合理的な理由が存し社会通念上相当として是認されうる場合」に限り解約権が行使できるとされました。さらに、本採用以降は、「客観的に合理的な理由を欠き、社会通念上相当であると認められない場合」の解雇は無効となります（労契法16条。解雇権濫用法理）。

　このように、内定、試用期間、本採用等の段階に至ると契約解消が困難になっていきます。これに対して、後に解説するとおり、企業には採用段階において広範な採用の自由が認められていますので、HRテクノロジーによる労働者の適格性判断は採用段階で活用される傾向にあります。

(2)　採用の自由とその内容

　企業は、採用計画において雇入れ人数を計画し、募集活動を行い、選考等により採用候補者となる労働者を選択し、最終的に雇用契約を締結します。また、労働者を雇い入れるにあたって一定の調査を行います。企業には採用の自由が

認められているため、採用活動の各段階における自由があります。すなわち、①雇入れ人数決定の自由、②募集方法の自由、③労働者選択の自由、④契約締結の自由、⑤調査の自由がありますので、これらの活動を自由に行うことができるのが原則です[7]。

(3) 採用の自由の制約

　もっとも、企業の採用の自由にも、各々限界があります。HR テクノロジーを活用する際には、特に②募集方法の自由、③労働者選択の自由、⑤調査の自由の制約に注意が必要でしょう（【図表 2-11】参照）。

　②募集方法の自由については、例えば職業安定法では、「被用者以外の者」に報酬を与えて委託募集を行うことは許可制とされており（職安法 36 条 1 項）、募集者や募集に従事する者が募集に応じる労働者から報酬を受領することを禁止する（職安法 39 条）などの規制があります。

　③労働者選択の自由は採用の自由の中心的な内容であり、いかなる者をどのような基準で採用するかは自由です[8]。しかし、採用の自由に関しては、いくつかの重要な規制があります。労働者が労働組合に加入せず、又は労働組合から脱退することを雇用条件とすることは禁止されています（黄犬契約の禁止。労組法 7 条 1 号）。また、事業者は、労働者の募集・採用において男女に均等な機会を付与する必要があります（男女雇用機会均等法 5 条）。障害者との関係では、募集・採用における障害者でない者との均等な機会の付与（障害者雇用促進法 34 条）や合理的配慮が要請されます（同法 36 条の 2）。その他、LGBT その他の社会的マイノリティに対する差別が民法上の不法行為となる可能性もあります[9]。

　労働者選択の自由との関係では、思想・信条を理由とした採用拒否が許されるかについても問題とされてきましたが、前掲三菱樹脂事件は「企業者が特定の思想、信条を有する者をそのゆえをもって雇い入れることを拒んでも、それ

---

7)　菅野 223〜226 頁。
8)　菅野 224 頁。
9)　松尾 94 頁。

を当然に違法とすることはできない」と述べています。もっとも、この判示には批判も多く、仮に違法といえないとしても思想・信条を素材として用いた場合における企業のレピュテーションリスクには注意が必要でしょう。

　⑤調査の自由との関係では、調査方法及び調査事項について応募者の人格的尊厳やプライバシーとの関係で一定の制約があります[10]。調査は社会通念上妥当な方法で行われることが必要で、応募者の人格やプライバシーを侵害するような態様での調査は不法行為になる場合があります。また、調査事項についても、応募者の職業上の能力・技能や従業員としての適格性に関連した事項に限られると解されています。

【図表2-11　採用の自由と限界】

採用の自由	採用の自由の限界
①雇入れ人数決定の自由	✓障害者雇用促進法における障害者の雇用率の設定
②募集方法の自由	✓委託募集の許可制（職安法36条1項） ✓募集に応じる労働者からの報酬につき受領禁止（職安法39条）
③労働者選択の自由	✓黄犬契約の禁止（労組法7条1号） ✓男女の均等な機会（男女雇用機会均等法5条） ✓障害者の障害者でない者との均等な機会（障害者雇用促進法34条）、合理的配慮（同法36条の2）
④契約締結の自由	✓一定の違法派遣の場合、派遣先による労働契約の申込みみなし規定（労働者派遣法40条の6）
⑤調査の自由	✓調査方法：社会通念上妥当な方法で行われることが必要 ✓調査事項：応募者の職業上の能力・技能や従業員としての適格性に関連した事項に限定

---

10)　本段落につき菅野226頁。

（4）　HR テクノロジーと採用の自由の関係

　企業には広範な採用の自由があり、採用の各段階において HR テクノロジーを活用することは原則として自由です。もっとも、募集方法、労働者選択、調査の自由等には一定の限界もあります。各種法規制に違反しないようにする他、労働組合、性別、障害者、LGBT、思想・信条等の特定の属性に着目する場合には注意が必要であり、人格権・プライバシー権侵害になりかねない態様での調査は控える必要があります。

（5）　不採用理由の告知の要否

　HR テクノロジーを用いない通常の採用に関する裁判例（東京高判昭和 50 年 12 月 22 日判時 815 号 87 頁）では、企業には「採否決定の理由を明示、公開しないことの自由」がある、としたものがあります。したがって、HR テクノロジーを用いた採用活動の場合でも、採用理由を告知・回答しなくても違法になるとは限りません。
　技術的にも、AI を用いた採用活動を行う場合、AI の特性上、その判断過程がブラックボックスになり、採用理由を必ずしも明確に表現できない可能性があります（ブラックボックス問題）。この問題を解決するために、「説明可能な AI」（Explainable AI, XAI）により判断過程の説明が可能になるような研究が進められているところです。もっとも、例えば、特定の要素を採用の際に重視することを公表すれば、多くの求職者がそれを履歴書で強調する等の「ゲーミング」の問題も生じうるため、このような弊害も考慮する必要があります。
　HR テクノロジーを用いる企業としては、HR テクノロジーを用いた採用活動を行う際、ブラックボックス問題、XAI による説明の可能性、ゲーミングの問題等を考慮しながら、企業としてのアカウンタビリティの果たし方を検討しておくべきでしょう。
　なお、2015 年改正前の個人情報保護法の下の「雇用管理分野における個人情報保護に関するガイドライン：事例集」13 頁は、保有個人データの開示請

求に関して「人事評価、選考に関する個々人の情報」は非開示とできる事項と
しつつも、「評価の基準を作成している場合、基準自体は個人情報には該当し
ないが、その基準自体を公開することは望ましい」としていました。また、厚
生労働省のパンフレット『雇用管理に関する個人情報の取り扱いについて』
（平成 24 年 5 月）は、非開示事項とする際に労働組合との協議をすることが望
まれることを指摘しています。

3　採用の場面における人事データの規律

(1)　採用時に特に問題となる規律

　人事データを取り扱うにあたっては、個人情報保護法の他、職安法、職安法
指針の内容を知っておく必要があります。また、人事データ利活用原則（巻末
資料参照）の内容は、採用時に HR テクノロジーを用いる場合にチェックリス
トとして活用することが望ましいでしょう。ここでは人事データ利活用原則の
内容を前提としながら、採用の場面において特に留意すべき人事データの収
集・保管・使用・管理・第三者提供に関する規律について述べます。

(2)　収集・保管・使用の目的の特定

　職業紹介事業者、求人者、労働者の募集を行う者、募集受託者、特定募集情
報等提供事業者、労働者供給事業者及び労働者供給を受けようとする者（以下
「職業紹介事業者等」といいます。）は、本人の同意その他正当な事由がない限り、
業務の目的達成に必要な範囲内で、当該目的を明らかにして求職者等の個人情
報を収集・保管・使用する必要があります（職安法 5 条の 5 第 1 項）。目的を明
らかにするにあたっては、求職者等が一般的かつ合理的に想定できる程度に具
体的に明示することになります（職安法指針第五・一（一））。

(3) 収集の規律

　まず、個人情報保護法上、個人情報は偽りその他不正の手段により個人情報を取得してはならず（個情法 20 条 1 項）、取得に際しての利用目的の通知等をする必要があります（個情法 21 条）。また、要配慮個人情報を取得する場合には、原則として本人の同意を得る必要があります（個情法 20 条 2 項）。

　また、特別な職業上の必要性が存在しない場合、（A）人種、民族、社会的身分、門地、本籍、出生地その他社会的差別の原因となるおそれのある事項、（B）思想及び信条、（C）労働組合への加入状況の各情報の収集が禁止されています（職安法指針第五・一（二））。

　さらに、職業紹介事業者等は、個人情報を収集する際には、①本人から直接収集し、②本人の同意の下で本人以外の者から収集し、又は③本人により公開されている個人情報を収集する等の手段であって、適法かつ公正なものによらなければなりません（職安法指針第五・一（三））。適法性・公正性の担保措置に関しては必ずしも確立した見解はありませんが、例えば、本人同意を得ることが不可能又は不適当である理由の特定、従業員等に対する利用目的の特定・明示、実施責任者及び権限の設定・明示、社内規程案の策定・周知、実施状況の監査・確認、安全管理措置の確立、データ提供元の法の遵守状況の確認等を検討する必要があるでしょう（人事データ利活用原則のうち適正取得原則参照）。

　職業紹介事業者等は、高等学校若しくは中等教育学校又は中学校若しくは義務教育学校の新規卒業予定者から応募書類の提出を求めるときは、職業安定局長の定める書類により提出を求める必要があります（職安法指針第五・一（四））。

　その他、公正な採用選考を行うためには家族状況や生活環境といった応募適性・能力とは関係ない事柄で採否を決定しないことが重要であり、これに関する情報収集をしないことが求められます。[11]

---

11)　厚生労働省ウェブサイト「公正な採用選考の基本」(https://www.mhlw.go.jp/www2/topics/topics/saiyo/saiyo1.htm)。

(4) 保管・使用・管理の規律

個人情報は、原則として、本人同意がない限り、利用目的・収集目的以外の目的で取り扱ってはなりません（個人情報法18条1項。職安法指針第五・一（五）参照）。また、個人データについては安全管理措置を講じる義務があります（個情法23条）。

職業紹介事業者等の場合、次の点にも注意が必要です。

第一に、次の（a）～（d）の措置を講じ、求職者等の求めに応じて説明する必要があります（職安法指針第五・二（一））。

（a）個人情報を目的に応じ必要な範囲において正確かつ最新のものに保つための措置

（b）個人情報の漏えい、滅失又は毀損を防止するための措置

（c）正当な権限を有しない者による個人情報へのアクセスを防止するための措置

（d）収集目的に照らして保管する必要がなくなった個人情報を破棄又は削除するための措置

第二に、求職者等の秘密に該当する個人情報に関しては厳重な管理を要します（職安法指針第五・二（二））。

第三に、職業紹介事業者及び労働者供給事業者は、個人情報の適正管理に関する規程を作成・遵守する必要があります（職安法指針第五・二（三））。

第四に、職業紹介事業者、特定募集情報等提供事業者及び労働者供給事業者は、本人が個人情報の開示又は訂正の求めをしたことを理由とする不利益取扱いをしてはなりません（職安法指針第五・二（四））。

(5) 第三者提供の規律

個人情報保護法上は、個人データの第三者提供のためには本人の事前の同意

（オプトイン方式）が原則として必要です（個情法 27 条 1 項）。個人データの場合、本人の事前の同意がなくても、本人の求めに応じて当該本人が識別される個人データの第三者への提供を停止する等の一定の要件の下で、第三者に提供できるオプトアウト方式を用いることができる場合もありますが、要配慮個人情報に該当する場合にはオプトアウト方式は利用できず、原則としてオプトイン方式によることになります（同条 2 項）。

　また、職安法では、正当な理由なくその業務上取り扱ったことについて知り得た人の秘密を漏らしてはならず（職安法 51 条）、秘密以外であっても、その業務に関して知り得た個人情報をみだりに他人に知らせてはなりません（職安法 51 条の 2）。

(6)　本人同意の留意点

　職業紹介事業者等が本人の同意（職安法 5 条の 5 第 1 項、職安法指針第五・一（二）（三）（五））を得る際には、次の 3 点に留意する必要があります（職安法指針第五・一（六））。

①　同意を求める事項について、求職者等が適切な判断を行うことができるよう、可能な限り具体的かつ詳細に明示すること。
②　業務の目的の達成に必要な範囲を超えて個人情報を収集し、保管し、又は使用することに対する同意を、職業紹介、労働者の募集、募集情報等提供又は労働者供給の条件としないこと。
③　求職者等の自由な意思に基づき、本人により明確に表示された同意であること。

4　採用・不採用の判断と HR テクノロジー

(1)　AI の誤りの問題

　企業には採用の自由があることから、AI による分析の誤り、分析結果の過

度な重視、分析の信頼性を検証しなかった場合等でも直ちに違法になったり不法行為になったりしないと指摘されることがあります[12]。しかしながら、重大な事実誤認、考慮禁止事項の考慮、要考慮事項の考慮不尽、事実評価の明白な過誤等があった場合に、常に広範な採用の自由により不採用決定が違法にならないと解することができるかは明らかではありません。説明義務違反、信義則違反の他、各種規制違反には留意する必要があります[13]。

　ここで、HR テクノロジーに依存せず「最後は人間が」判断することにすれば、使用者の採用の自由に帰着し、法的問題になることは少ないとも指摘されます[14]。このような場合に、常に採用の自由により法的問題を回避できるとは限りませんが、人間と AI が両者の短所を補いながら協働するケンタウロスモデルにより法的問題になるケースを少なくし、レピュテーションリスクにも対応することは可能でしょう[15]。

(2) 推知情報の取扱い

　法定された場合を除き、本人の人種、信条、社会的身分等の「要配慮個人情報」を本人の同意なくして取得してはならないとされています（個情法 20 条 2 項）。ここで、AI によるプロファイリングにより、非要配慮個人情報から要配慮個人情報に該当する情報を推知することが要配慮個人情報の取得に該当するかが問題となりますが、少なくともピープル・アナリティクス及び HR テクノロジーの分野においては、要配慮個人情報保護の取得に準じた措置を講じるべきといえるでしょう（人事データ利活用原則のうち適正取得原則参照）。

　また、求職者等の個人情報については、職業紹介事業者等（労働者の募集を行う者も含む。）は、原則として、①人種、民族、社会的身分、門地、本籍、出生地その他社会的差別の原因となるおそれのある事項、②思想及び信条、③労働組合への加入状況を収集してはならないことは前述のとおりですが、これら

---

12)　福岡真之介編『AI の法律』（商事法務、2020 年）332 頁〔菅野百合〕。

13)　松尾 123 頁。

14)　HR テクノロジー（2018）112 頁〔倉重公太朗〕。

15)　松尾 123 頁。

の規制の潜脱にならぬよう、プロファイリングによりこれらの情報を推知することも「収集」と同視すべきでしょう（人事データ利活用原則のうち適正取得原則参照）。

仮に推知禁止情報をもとに採用・不採用の判断を行う場合には、裁判所に違法と判断される可能性もあります。[16]

(3) 人間関与原則と完全自動意思決定

GDPR 第 22 条は、「データ主体は、当該データ主体に関する法的効果を発生させる、又は、当該データ主体に対して同様の重大な影響を及ぼすプロファイリングを含むもっぱら自動化された取扱いに基づいた決定の対象とされない権利を有する」と定めています。我が国では、完全自動意思決定に関するこうした規制はありません。

しかし、採用決定にプロファイリングを伴うピープル・アナリティクス又は HR テクノロジーを利用する際には、人間の関与の要否を検討する必要があるでしょう（人事データ利活用原則のうち人間関与原則参照）。具体的には、HR テクノロジーを導入・利用する際の利用目的・利用態様について事前に人間による大綱的な方針決定を行うとともに、事後的な完全自動意思決定に対する不服申立てがあった場合に人間による再審査を行う方法などが想定されます。

確認問題

問題1　企業が内々定を出した段階で、企業と応募者との間には始期付解約権留保付労働契約が成立する。

解答　×

解説　通常の場合、内々定の段階では労働契約は成立しません。内定の段階で、始期付解約権留保付労働契約が成立します。

---

16)　松尾 129 頁。

問題 2　入社後一定期間について試用期間を設けている場合、企業は試用期間経過後に本採用を拒否することは自由である。

解答　×

解説　試用期間後の本採用拒否が問題となった三菱樹脂事件（最大判昭和 48 年 12 月 12 日民集 27 巻 11 号 1536 頁）では、「解約権留保の趣旨、目的に照らして、客観的に合理的な理由が存し社会通念上相当として是認されうる場合」に限り解約権が行使できるとされています。

問題 3　HR テクノロジーを活用する際には各種法規制に留意する必要がある他、倫理・道徳面への配慮が必要とされる。

解答　○

解説　合法・違法の問題を考えるのみならず、企業のレピュテーション低下を防止するために倫理・道徳面への配慮が必要とされます。

問題 4　企業は、縁故による採用や自社従業員の推薦によるリファラル採用をすることができる。

解答　○

解説　企業には採用の自由があり、採用の自由の一環として募集方法の自由がありますので、縁故採用やリファラル採用をすることも自由です。

問題 5　企業には採用の自由の一つとして調査の自由があるため、HR テクノロジーを用いる際に応募者の身辺調査をすることも無制約に行うことができる。

解答　×

解説　企業には調査の自由がありますが、調査方法及び調査事項について応募者の人格的尊厳やプライバシーとの関係で一定の制約があります。

問題 6　企業が特定の思想、信条を有する者をそのゆえをもって雇い入れることを拒んでも、それを当然に違法とすることはできない。

解答　○

解説　三菱樹脂事件（最大判昭和 48 年 12 月 12 日民集 27 巻 11 号 1536 頁）が
　　　このように判示しています。

問題 7　HR テクノロジーを用いた採用活動を行う場合、採用・不採用の判断が不
　　明瞭になる。そのため、応募者から不採用理由を明示するように問合わせがあっ
　　た場合、不採用理由を告知・回答しないと違法になる。

解答　×
解説　裁判例（東京高判昭和 50 年 12 月 22 日判時 815 号 87 頁）では、企業に
　　　は「採否決定の理由を明示、公開しないことの自由」があるとしたものがあり、
　　　HR テクノロジーを用いた採用の場合でも同様に考えられます。

問題 8　「説明可能な AI」（Explainable AI, XAI）により判断過程の説明が可能に
　　なるような研究が進められており、採用・不採用の基準については常に事前に公
　　開しておくことが望ましい。

解答　×
解説　特定の要素を採用の際に重視することを事前公表すれば、多くの求職者
　　　がそれを履歴書で強調する等の「ゲーミング」の問題も生じうるため、このよ
　　　うな弊害も考慮する必要があります。

問題 9　本人が SNS 等で公開した情報を収集する場合、本人のプライバシーは当
　　該情報の限度で放棄されているため、HR テクノロジーを用いて当該情報を本人
　　の同意なくして無制限に収集しても違法にならない。

解答　×
解説　職安法指針第五・一（三）は、本人により公開されている個人情報を収
　　　集する等の手段を許容する余地を示していますが、「適法かつ公正なもの」で
　　　なければなりません（職安法指針第五・一（三））。

問題 10　政党機関誌の職員の採用を行う場合であれば、思想・信条に関する情報
　　を取得して HR テクノロジーで利用できる余地もある。

解答　○

解説　（A）人種、民族、社会的身分、門地、本籍、出生地その他社会的差別の原因となるおそれのある事項、（B）思想及び信条、（C）労働組合への加入状況の各情報の収集が禁止されていますが、特別な職業上の必要性が存在する場合には例外が認められる余地があります（職安法指針第五・一（二））。

問題 11　応募者本人から直接、情報の提供を受けるのであれば、本人の同意があるため、法律上及び倫理上、企業が情報提供を受けることが問題になることはない。

解答　×
解説　採用の場面では配慮すべき情報に関する一定の規制（職安法指針第五・一（二））がある他、公正な採用選考を行うためには家族状況や生活環境といった応募適性・能力とは関係ない事柄を情報収集しないことが求められます。

問題 12　求職者等の個人情報のうち労働組合への加入状況について取得することは禁止されているが、HR テクノロジーを用いて労働組合への加入状況を推知して利用することに倫理的な問題はない。

解答　×
解説　要配慮個人情報の規制の潜脱にならないよう、プロファイリングにより、労働組合への加入状況を推知することも「収集」と同視すべきという議論があり（人事データ利活用原則のうち適正取得原則参照）、倫理的な問題はないと断定することはできません。

問題 13　我が国では、AI による完全自動意思決定に服さない権利は認められていない。

解答　○
解説　EU では、GDPR 第 22 条で完全自動意思決定に服さない権利が認められていますが、我が国には同様の規制はありません。

問題 14　我が国では AI による完全自動意思決定に服さない権利は認められていないため、人間が関与せず AI のみの判断で採用・不採用を完全に意思決定しても倫理的に問題は全く生じない。

　　解答　　×
　　解説　　採用決定にプロファイリングを伴うピープル・アナリティクス又は HR
　　テクノロジーを利用する際には、人間の関与の要否を検討する必要があります
　　（人事データ利活用原則のうち人間関与原則参照）。

問題 15　　HR テクノロジーを用いた場合でも HR テクノロジーに依存せず最後は
　　人間が判断することにすれば、人間には採用の自由があるため、法的・倫理的問
　　題が生じる余地はない。

　　解答　　×
　　解説　　人間と AI が両者の短所を補いながら協働するケンタウロスモデルにより
　　法的問題になるケースを少なくし、レピュテーションリスクにも対応すること
　　は可能ですが、法的・倫理的問題が生じる余地はないとまで断定することはで
　　きません。

第3章
モニタリングと
HRテクノロジー

本章の目的

　本章は、モニタリングを通じて収集した個人情報を、AIを用いて分析するにあたり、企業が特に配慮しなければいけない法的規制について学ぶことを目的とします。具体的には、モニタリングを通じて従業員の個人情報を収集する場合の個人情報保護法上の規定を確認した上で（2（1））、健康情報の取得の可否（2（2））、プライバシー侵害との関係について解説します（2（3））。その上で、モニタリングに関し、実際にプライバシー権の侵害が問題となった事例を紹介します（3・4）。最後に、モニタリングの種類の増大と目的の拡大している現状に鑑み（5）、AIによるモニタリングの問題点について検討していきます（6）。

1　モニタリングとして活用される HR テクノロジーの内容

　配置転換、昇進、降格等に関して HR テクノロジーを用いる場合、対象者を評価するためにデータを収集することが考えられます。このように、AI・HR テクノロジーを用いて従業員のメールや業務遂行状況をモニタリングする場合、どのような点に留意すべきでしょうか。

　従来からのモニタリング方法としては、上記のとおり、①従業員のメールを監視する、②オフィスに監視カメラ等を設置して業務遂行状況を監視する等の方法があります。しかし、IoT 時代を迎え、監視の手法や監視を通じて取得される情報の種類は多様化しています。例えば、近年登場した手法としては、③従業員の使用する PC にログ収集ソフトをインストールしてログを取得する、④ IoT デバイスを従業員に装着させて健康情報を収集する、⑤社用車に搭載された GPS から従業員の移動状況等を監視する等があります。本章では、これらの手法を通じて収集した個人情報を活用するにあたり、企業（使用者）が特に配慮しなければならない法的規制について述べます。

　労働関係においても従業員のプライバシーや人格権は尊重されなければならず、従業員の人格や自由に対する拘束は、事業の遂行上必要かつ相当な範囲内でのみ許容されます。相当な理由なく秘密の監視活動を行うことは人格権やプライバシーの侵害となります。一方で使用者は、従業員の業務遂行状況、法令・規程等遵守状況、労働時間等を把握する必要性があります。よって、このような目的で実施する従業員に対する（広義の）モニタリングは、従業員にとっての受忍限度を超えない範囲において（そしてその限りで）認められることとなります[1]。

　この点、リーディングケースである西日本鉄道事件判決（最 2 小判昭和 43 年 8 月 2 日民集 22 巻 8 号 1603 頁）は、使用者が従業員に対して乗車賃の不正隠匿等の防止のために行う所持品検査は、これを必要とする合理的理由に基づいて、一般的に妥当な方法と程度で、しかも制度として、職場従業員に対して画一的

---

　1)　松尾 184 頁。

に実施されるものでなければならず、このようなものとしての所持品検査が就業規則その他明示の根拠に基づいて行われるときは、従業員は、個別的な場合にその方法や程度が妥当を欠く等特段の事情がない限り、検査を受忍すべき義務があると判示しています。このように、裁判所は、モニタリングを行う必要性とその方法、及び従業員のプライバシー等の権利利益への制約の程度等という相当性の2点に鑑み、モニタリングが従業員の受忍すべき範囲内かを判断しているとみられます。[2]

2 モニタリングの法的規制

(1) 個人情報保護法

　モニタリングを通じて従業員の個人情報を収集する場合、個人情報保護法上の「保有個人データ」や「要配慮個人情報」に当たるか否かを確認する必要があります。

　2020年改正前の個人情報保護法では、取得時から6か月以内に消去する個人データは「保有個人データ」に該当しないとされていましたが（改正前個情法2条7項、個情法施行令5条）、2020年及び2021年改正個人情報保護法は、保有個人データについて、「個人情報取扱事業者が、開示、内容の訂正、追加又は削除、利用の停止、消去及び第三者への提供の停止を行うことのできる権限を有する個人データであって、その存否が明らかになることにより公益その他の利益が害されるものとして政令で定めるもの以外のもの」と定義しています（改正後個情法16条4項）。

　使用者は、従業員の「保有個人データ」に関し、①当該個人情報取扱事業者の氏名又は名称及び住所並びに法人にあっては、その代表者の氏名、②すべての保有個人データの利用目的、③利用目的の通知の請求、保有個人データの開示、訂正及び利用停止の手続、④保有個人データの取扱いに関する苦情の申出先について、本人の知りうる状態（本人の求めに応じて遅滞なく回答する場合を

---

2) 松尾185頁。

含む。）に置かなければなりません（改正後個情法 32 条）。

　また、「要配慮個人情報」については、その取得に際し、本人から同意を得る必要があります（詳細については第 2 章を参照）。

(2)　健康情報の取得

　前項で述べたとおり、モニタリングの方法として、IoT デバイスを従業員に装着させて健康情報を収集する方法が考えられます。このようにして取得された健康情報が個人情報に当たるかという点が問題となります。

　厚生労働省と個人情報保護委員会は、健康情報について、「健康診断の結果、病歴、その他の健康に関するもの」と定義し、要配慮個人情報に該当するとしています（厚生労働省・個人情報保護委員会「雇用管理分野における個人情報のうち健康情報を取り扱うに当たっての留意事項について」2 条）。健康情報は、本人に対する不利益な取扱い又は差別等につながるおそれのある機微な情報であるため、事業者は健康情報の適正な取扱いに特に留意しなければならないとされます（同 3 条 1 項 1 号）。健康情報は、労働者の健康確保に必要な範囲で利用されるべきものであり、事業者は労働者の健康確保に必要な範囲を超えてこれらの健康情報を取り扱ってはなりません（同項 2 号）。したがって、人事評価を目的とした健康情報の取得は許されないこととなります。

(3)　プライバシー

　第 1 章において述べられたとおり、最近では、プライバシー権を「自己情報コントロール権」又は「情報自己決定権」として捉えていこうとする見解が有力です。自己情報コントロール権は、自分の情報を誰とシェア（共有）するかを自ら決定できるという、人間関係の構築に関する人格権として理解されています。

　本章の冒頭において述べたとおり、労働関係においてもこのようなプライバシー権や人格権は尊重されなければならず、従業員の人格や自由に対する拘束は、事業の遂行上必要かつ相当な範囲内でのみ許容されます。そこで、次項で

は、モニタリングに関し、プライバシー権や人格権の侵害が問題となった具体
的な事例を紹介します。

3　監視カメラ等によるモニタリング

(1)　従業者のモニタリングを実施する上での留意点

　従業者に対する監督、その他安全管理措置の一環として、従業者を対象とす
るビデオやオンライン等によるモニタリングを実施する際は、①モニタリング
の目的を予め特定した上で、社内規程等に定め、従業者に明示すること、②モ
ニタリングの実施に関する責任者及びその権限を定めること、③モニタリング
が予め定めたルールに従って適正に行われているか確認を行うこと、が求めら
れます。なお、モニタリングに関して、個人情報の取扱いに係る重要事項等を
定めるときは、予め労働組合等に通知し必要に応じて協議を行うことが望まし
く、また、その重要事項等を定めたときは、従業者に周知することが望ましい
と考えられます。この見解は、個人データ取扱業務のみならず、その他の業務
のモニタリングにも適用されます。

(2)　監視カメラに関する裁判例

　奥道後温泉観光バス事件（松山地判平成 21 年 3 月 25 日労判 983 号 5 頁）は、
「本件監視カメラ等の設置は，原告バス運転者〔従業員〕らに，自分達の言動
が被告〔使用者〕によって監視されているのではないかという不安を抱かせ，
その結果，被告事務室内での組合活動を萎縮させる効果を有するものと認める
のが相当である」と判示しました。

---

3)　個人情報保護委員会「個人情報の保護に関する法律についてのガイドライン」及び「個人デー
　　タの漏えい等の事案が発生した場合等の対応について」に関する Q & A4-6」参照。なお、これ
　　は経済産業省のガイドラインを引き継いだもの。通則編パブコメ 486 番参照。
4)　松尾 190 頁。大谷卓史「人工知能・ロボットと労働・雇用をめぐる視点：科学技術に関する調
　　査プロジェクト報告書」（2018 年 4 月 6 日）（http://dl.ndl.go.jp/view/download/digidepo_1106
　　5187_po_20180406.pdf?contentNo=1&alternativeNo=）106 頁参照。

　他方、F 病院事件（福井地判平成 21 年 4 月 22 日労判 985 号 23 頁）は、労働者に対する監視目的で監視カメラが設置されたと主張する原告〔従業員〕に対し、原告の部屋のドアや、原告の部屋を出入りする人の姿を映してはいないこと等を理由として、被告〔使用者〕による上記防犯カメラの設置が原告に対するパワーハラスメントに当たり、原告のプライバシー権及び人格権を侵害したとは認められないとしています。

　東起業事件（東京地判平成 24 年 5 月 31 日労判 1056 号 19 頁）では、事務所等にカメラを設置したことについて、防犯上事務所内を俯瞰する位置とすることに合理性があり、確かに特定従業員の動静をつぶさに監視できるが、特定従業員の動静を観察することのみを目的としているわけではないとして不法行為責任は成立しないとされています。

　アールエフ事件（長野地判平成 24 年 12 月 21 日労判 1071 号 26 頁）は、事務所各所に Web カメラが設置されているものの、ことさらに特定の従業員に向けて監視を継続していたとまでは認められないとしています。

　セコム事件（東京地判平成 28 年 5 月 19 日労経速 2285 号 21 頁）は、所持品検査の様子が防犯カメラの撮影範囲に入ってしまうことがあることについて、防犯カメラの設置目的も正当なものであること等を踏まえ、やむをえないとしています。

　以上の裁判例をみると、監視カメラを設置するだけで直ちにプライバシー侵害等として違法とはなるわけではないものの、その設置目的や態様等によっては違法となりうることがわかります。[5]

(3)　GPS ナビシステムに関する裁判例

　モニタリングによって収集される情報の一つに、位置情報が考えられますが、ある人がどこに所在するかということは、プライバシーのなかでも特に保護の必要性が高いとされています。[6]さらに、位置情報を収集し、分析することは、「対象者の交友関係，信教，思想，信条，趣味や嗜好などの個人情報を網羅的

---

5)　松尾 191 頁。

に明らかにすることが可能であり，その運用次第では，対象者のプライバシーを大きく侵害する危険性」があります（名古屋高判平成 28 年 6 月 29 日判時 2307号 129 頁）。それでは、従業員の勤怠の状況を把握するため、従業員のスマートフォン等を利用して、その所在を監視することは許されるでしょうか。

　前掲東起業事件では、外回りの多い従業員の勤務状況を把握し、緊急連絡や事故時の対応に備えて当該従業員の居場所を確認するために、GPS 衛星の電波を受信することによって携帯電話又はパソコンから携帯電話の位置を常時確認することができるというナビシステムを導入してモニタリングを行ったことが従業員のプライバシーを侵害しないかが争点とされました。東京地裁は、目的に相応の合理性があり労務提供が義務付けられる勤務時間帯及びその前後の時間帯において、ナビシステムを使用して勤務状況を確認することが違法であるということはできないとする一方、早朝、深夜、休日、退職後のように、従業員に労務提供義務がない時間帯、期間において本件ナビシステムを利用して原告（従業員）の居場所確認をすることは、特段の必要性のない限り、許されないとしています。

(4) 小括

　以上を概観すると、監視カメラや GPS を用いたモニタリングを行うにあたっては、予め労働組合等に通知し必要に応じて協議した上で、ルールを策定し、これを周知するのが望ましいことになります。次に、目的の正当性が重要です。なぜ監視が必要なのか目的を特定すべきですが、それが例えば施設管理目的、防犯目的、勤務状況把握目的や緊急連絡目的等の目的であれば、正当な目的とされる可能性が高くなります。その上で、手段の相当性が重要です。モニタリングで得た情報の目的外利用をしない、不必要な人がモニタリング情報にアクセスできないようにするなど、予め定めたルールに従って適正に行われているか確認することが必要です。[7]

---

6)　個人情報保護委員会・総務省「電気通信事業における個人情報保護に関するガイドライン（令和 4 年個人情報保護委員会・総務省告示第 4 号（最終改正令和 5 年個人情報保護委員会・総務省告示第 1 号））の解説」（令和 4 年 3 月（令和 5 年 3 月更新））201 頁。

ここで留意すべきは、業務外のモニタリングに対しては抑制的であるべきであるということです。前掲東起業事件は、勤務状況を把握し、緊急連絡や事故時の対応のために当該従業員の居場所を確認するという目的の GPS モニタリングについて、労務提供義務のない時間帯にこれを実施する正当性はないとしています。[8]

なお、勤怠や安全管理のための GPS システムの運用は、「安全及び衛生に関する定め」又は「当該事業場の労働者のすべてに適用される定め」（労基法 89 条 5 号〜10 号）に該当しうるため、就業規則ないしそれに類する規定として定めておくべきでしょう。当該規定の新設は、就業規則の変更による労働契約の変更に当たりますので、労契法 9 条ないし 10 条を遵守する必要があります。

4　会社の通信設備等に対するモニタリング

(1)　会社の通信設備等に対するモニタリングに関する裁判例

(A)　リーディングケース

F 社 Z 事業部事件（東京地判平成 13 年 12 月 3 日労判 826 号 76 頁。上司が従業員の E メールを監視した事例）は、社内ネットワークシステムを用いた電子メールの送受信については、一定の範囲でその通信内容等が社内ネットワークシステムのサーバーコンピューターや端末内に記録されるものであること、社内ネットワークシステムには当該会社の管理者が存在し、ネットワーク全体を適宜監視しながら保守を行っているのが通常であることに照らすと、利用者において、通常の電話装置の場合と全く同程度のプライバシー保護を期待することはできず、当該システムの具体的情況に応じた合理的な範囲での保護を期待しうるに止まるものというべきであるとした上で、従業員が社内ネットワークシステムを用いて電子メールを私的に使用する場合に期待しうるプライバシーの保護の範囲は、通常の電話装置における場合よりも相当程度低減されることを甘受すべきであり、職務上従業員の電子メールの私的使用を監視するような責

---

7)　松尾 192 頁。
8)　松尾 192 頁。

任ある立場にない者が監視した場合、あるいは、責任ある立場にある者でも、これを監視する職務上の合理的必要性が全くないのに専ら個人的な好奇心等から監視した場合あるいは社内の管理部署その他の社内の第三者に対して監視の事実を秘匿したまま個人の恣意に基づく手段方法により監視した場合など、監視の目的、手段及びその態様等を総合考慮し、監視される側に生じた不利益とを比較衡量の上、社会通念上相当な範囲を逸脱した監視がなされた場合に限り、プライバシー権の侵害となると解するのが相当であるとしました。東京地裁は、このように判示して、社内メールシステムの私的利用に対してはそれぞれのシステムの具体的情況に応じた合理的な範囲での保護を期待しうるにとどまるとしたのです。[9]

　また、日経クイック情報事件（東京地判平成 14 年 2 月 26 日判決労判 825 号 50 頁。誹謗中傷メールの送信の疑いがある従業員の電子メールを会社側が閲覧・調査した事例）は、企業は企業秩序違反行為に対応するため必要な命令や事実関係の調査をすることができるが、その命令や調査は企業の円滑な運営上必要かつ合理的なものでなければならないと判示しています。

(B) 社用パソコンに関する裁判例

　水戸地判平成 24 年 9 月 14 日判例自治 380 号 39 頁は、私的利用の許されていないパソコン内に、職員が職務専念義務に違反して作成・保管した私用メール等の文書データについて、職員はプライバシー権を主張することはできないとしました。

　東京地判平成 27 年 3 月 27 日第一法規 29025400 は、システム管理者がセキュリティプログラムの更新のために従業員のパソコンを更新したことは正当であり、パソコン内の記録を不当に盗み読みしたと認めるに足りる証拠はないとしてプライバシー侵害を否定しました。

(C) インターネット閲覧履歴に関する裁判例

　東京地判平成 27 年 3 月 27 日第一法規 29025233 は、部長が監視ソフトを密

---

9)　松尾 189 頁。

かに使用して従業員が業務上使用するパソコンのインターネット閲覧状況を監視した行為につき、就業時間中のインターネット閲覧に関する使用者の証拠収集方法は相当ではないとしつつも、従業員の行動が正当化されるわけではないとして、解雇の判断には影響しないとしました。

(D)　メールに関する裁判例

　日立コンサルティング事件（東京地判平成 28 年 10 月 7 日労判 1155 号 54 頁）は、社用アカウントからのメールの上司への自動転送について、業務上使用すべきメールであり、ガイドラインでモニタリングが定められているため、上司が状況を把握しようとすることが不当とはいえないとしています。

(2)　小括

　以上を概観すると、会社の通信設備等に対するモニタリングを行うにあたっては、就業規則等の規程類でモニタリングについて定め、周知することで、プライバシーへの期待が減殺され、モニタリングが認められる可能性が高まります。この場合、本人の同意を得ていればより認められやすいですが、上記のようにプライバシーが減殺されることから、本人の同意がなくても適法な場合も十分にありえます。[10]

　次に、会社の通信設備等について監視の必要性があることが必要です。その必要性としては、不正使用や不正アクセスを防ぐといった情報管理上の必要性が考えられますが、実際になされた具体的モニタリングの実施にどのような合理的必要性があるかが問題となります。さらに、実際のモニタリングの実施方法として相当な方法を用いる必要があります。不相当なモニタリングとしては、ネットワーク利用を監視する立場にない者による監視や業務上必要のない監視があります。[11]

---

10)　松尾 194 頁。
11)　松尾 195 頁。

5 モニタリングの種類の増大と目的の拡大に関する問題

　情報通信技術の進歩に伴い、モニタリングの種類が増えつつあります。新たに登場したモニタリングの手法として、本章の冒頭で述べた、使用する PC にログ収集ソフトをインストールし分析プログラムにかける方法（いわゆる「キーロガー」）等が挙げられます。このようなソフトの使用の是非について、2023 年現在、我が国では裁判例・判例はまだ見受けられません。これに対し、ドイツでは、キーロガーを用いて従業員のコンピュータ使用状況を具体的な疑惑なしに監視することは、ドイツ連邦データプライバシー法に違反するとの判例が出ています（case ref. 2 AZR 681/16.）。EU 加盟国各国のデータ保護機関の代表、欧州委員会司法総局データ保護課の代表、欧州データ保護監察機関の代表によって構成される 29 条作業部会も、キーロガー、マウスロガー、スクリーン・キャプチャソフトウェア等について、不適切であるとの指摘を行っています。[12]

　会話も新たなモニタリングの対象です。マイクが搭載されたスマートバッジは、従業員同士が会話する頻度及び各従業員の話す割合と聞く割合を監視します。米国では、電話での会話の感情分析を用いて従業員がパターンから逸脱した会話を行った場合（突然取引相手に怒鳴り始めたりする等）に精査をする企業も存在しています。

　また、監視カメラによるモニタリングの方法も進化しています。その一つに、顔認証技術を用いた監視が考えられます。アメリカで行われた調査によれば、「雇用主が職場での窃盗対策として顔認証技術を用いたビデオ監視を導入したとした場合、また、そのビデオが保存されて従業員の勤務評価に使用される可能性があるとした場合、どう思うか」という質問に対し、約 50% がこのような監視を容認すると回答しました。これに対し、全く容認できないと回答したのは約 25% でした。[13]

　このように、モニタリングの対象や目的は拡大する一方、進化したモニタリ

---

12) Opinion 2/2017 on data processing at work (https://www.huntonprivacyblog.com/wp-content/uploads/sites/28/2017/07/Opinion22017ondataprocessingatwork-wp249.pdf).

ング技術は人々にとって扱いやすいものとなりつつあります。上に挙げたアメリカの調査結果は、従業員の半数がモニタリングを受容していることを示していますが、これは進化したモニタリングが人々にとって身近なものとなっていることの証左と思われます。そうだとしても、無制限にモニタリングを行ってよいというわけではありません。ドイツや EU では、キーロガーのような新たな監視手法に批判的な向きもみられます。また、法規制が整っていない新たな技術の使用については、研究機関や NPO 等からの批判も加えられています。我が国においても、従業員の頭部に脳波測定キットを装着し、測定データを基に「ストレス度」「集中度」「興味度」「快適度」「わくわく度」の五つの指標を可視化しようとした東急不動産の実証実験に対し、インターネット上では批判的な意見がみられました。そこで、ここで挙げたような新たなモニタリング手法を導入するにあたっては――我が国において法規制がなされていない場合であっても――他国の立法状況や炎上報道等を見まわしつつ、目的の妥当性や手段の相当性について、慎重に検討していくことが求められます。

6　AI によるモニタリングか人間によるモニタリングか

　AI によるモニタリングは、収集される情報量が膨大である点、安価かつ長期間のモニタリングが可能な点において、人間によるモニタリングよりもプライバシーに対する侵害性が高くなる可能性があります。また、AI によるモニタリングは、正確な評価のためにより多くの「相関性がある」とされる情報を集めようとする点においても、プライバシーを侵害する可能性があります。

　他方で、AI によるモニタリングは、人間によるモニタリングよりも客観的なものとなる可能性があります。例えば、前述の F 社 Z 事業部事件は、セクシャルハラスメント行為の疑惑を受けていた上司自身にセクシャルハラスメントを告発するメールが従業員から誤送信されたことをきっかけとして、当該従

---

13)　https://www.pewresearch.org/internet/2016/01/14/scenario-workplace-security-and-tracking/

14)　日本経済新聞「東急不動産の新本社、従業員は脳波センサー装着」（2019 年 10 月 1 日）（https://www.nikkei.com/article/DGXMZO50430560R01C19A0000000/）。

業員のメールに対する監視が開始されたという事案でした。判旨そのものについては妥当性が認められるものの、疑惑を受けていた上司自身が監視行為の開始を決定した点については、若干の疑義が残ります。AIによるモニタリングにおいては、このような恣意性が生じる可能性は少ないといえるでしょう。AIによるモニタリングは―目的の正当性や手段の相当性が担保されていれば―人間によるモニタリングの欠陥を補うことができるのです。

コラム：雇用関係によらない働き方と法的保護

　近年、「フリーランス」「業務委託」等といった雇用関係によらない働き方が着目されていますが、その実態は、請負、委任ないし準委任と整理されることが多いです。

　雇用関係に該当する場合には、労働者として労働法令の保護を受けられますが、雇用関係に該当しない場合には、労働法令の保護を受けられないことになります。この場合、下請法その他の適用を受けられる可能性があるにすぎません。

　雇用関係に該当するか否かについては、形式的な契約書の名目ではなく、実質的に働き手がどのような業務に従事し、どのように報酬を受け取っているか、「労働者」に当たるか否かにより判断されます。ここで、いかなる場合に「労働者」に該当するのかは法律によっても異なります。

　例えば、労基法上の労働者に当たるか否かは、①業務諾否の自由の有無、②業務遂行方法における具体的な指揮監督の有無、③時間的・場所的拘束性、④労務提供の代替性、⑤報酬の労務対償性、⑥事業者性の有無、⑦専属性、⑧税法・社会保険法上の取扱い等によって判断されることとされていますが（労働省労働基準法研究会報告「労働基準法の『労働者』の判断基準について」（昭和60年12月19日））、労組法上の労働者に当たるか否かは、（ⅰ）事業組織への組み入れ、（ⅱ）契約内容の一方的・定型的決定、（ⅲ）報酬の労務対価性、（ⅳ）業務の依頼に応ずべき関係、（ⅴ）広い意味での指揮監督下の労務提供、一定の時間的場所的拘束、（ⅵ）顕著な事業者性等によって判断されることとされており（労使関係法研究会報告書「労働組合法上の労働者性の判断基準について」（平成23年7月25日））、それぞれの法律によって考慮要素が若干異なっています。近時、東京都労働委員会が、ウーバーイーツの配達員について労働者に該当するとする判

断を示しましたが（東京都労働委員会命令令和 4 年 10 月 4 日労判 1280 号 19 頁）、
これは労組法上の労働者性に関するものです。

　以上のなかでも、特に労基法上の労働者に該当するか否かは、①報酬、②就業
時間、③契約解消等の点に大きな影響を与えることになります。

　①報酬について、労働者であれば、賃金は、通貨で直接労働者に対し、全額を
毎月 1 回以上、一定の期日を定めて支払われることになり（労基法 24 条）、また、
最低賃金法の適用があり、時間外労働・休日労働・深夜労働には割増賃金の支払
いを受けられることになります（労基法 37 条）。これに対して、労働者でない場
合にはこうした保護は及ばず、下請法の保護が及ぶ場合に支払遅延（下請法 4 条
1 項 2 号）、一方的減額等が禁止され（同項 3 号）、独禁法の規制が及ぶ場合に優
越的地位の濫用が禁止されるにすぎません。

　②就業時間について、労働者であれば、時間外労働にも上限があり、三六協定
の締結等といった規制がありますが（労基法 36 条）、労働者でない場合には、こ
のような保護はありません。

　③契約解消について、労働者であれば、解雇権濫用法理（労契法 16 条）、雇止
め制限法理（労契 19 条）による保護が受けられますが、労働者でない場合には、
このような保護は受けられず、契約解除に伴う損害賠償請求や継続的契約の法理
による契約解除の制限がありえるにすぎません。

　また、労働者であれば、労働局や労働基準監督署への相談が可能ですが、フリ
ーランスについては、近時、フリーランス・トラブル 110 番等の相談窓口が設け
られ始めているものの、従前は相談窓口すら十分ではありませんでした。このよ
うに労働者の場合と比較して保護が十分ではないことを受け、セーフティネット
の拡張や、フリーランス保護について議論が進み、2023 年 5 月 12 日、特定受託
事業者に係る取引の適正化等に関する法律（令和 5 年法律第 25 号）が公布され
ました（本稿執筆時点では未施行です）。

　本書のテーマでもある、個人情報、個人データの取扱いとの関係では、雇用関
係を前提とすれば、労働者自身は個人情報保護法上の個人情報取扱事業者等には
該当せず、従業者にすぎないという整理となりますが、雇用関係によらない働き
方の場合、具体的な状況により、フリーランス、業務委託の従事者自身が個人情
報取扱事業者等に該当する可能性もあるという違いが生じます。また、厚生労働
省「雇用管理分野における個人情報のうち健康情報を取り扱うに当たっての留意
事項」（平成 29 年 5 月 29 日）等、雇用関係を前提として適用されうるガイドラ
イン、通達も存在します。

　このようにフリーランス等といった雇用関係によらない働き方は、労働法令に
よる保護を受けられないこと、個人事業主としての責任を負担することと表裏一
体でもあり、一定のリスクを伴う働き方であるという点には注意が必要です。

確認問題

問題1　保有個人データとは、個人情報取扱事業者が、開示、内容の訂正、追加又
は削除、利用の停止、消去及び第三者への提供の停止を行うことのできる権限を
有する個人データであって、取得日から 6 か月間を超えて保有しているものをい
う。

解答　×
解説　改正個人情報保護法では、「6 か月間」要件が削除されています（改正後
　個情法 16 条 4 項）。

問題2　個人情報取扱事業者は、すべての保有個人データの利用目的について、本
人の知りうる状態（本人の求めに応じて遅滞なく回答する場合を含む。）に置か
なければならない。

解答　○
解説　企業は、①当該個人情報取扱事業者の氏名又は名称及び住所並びに法人
　にあっては、その代表者の氏名、②すべての保有個人データの利用目的、③利
　用目的の通知の請求、保有個人データの開示、訂正、利用停止の手続、④保有
　個人データの取扱いに関する苦情の申出先について、本人の知りうる状態（本
　人の求めに応じて遅滞なく回答する場合を含む。）に置かなければなりません
　（改正後個情法 32 条）。

問題3　人事評価を目的とした健康情報の取得は許される。

解答　×
解説　健康情報は、労働者の健康確保に必要な範囲で利用されるべきものであ
　り、事業者は労働者の健康確保に必要な範囲を超えてこれらの健康情報を取り

扱ってはなりません（厚生労働省・個人情報保護委員会「雇用管理分野における個人情報のうち健康情報を取り扱うに当たっての留意事項について」3 条 1 項 2 号）。したがって、人事評価を目的とした健康情報の取得は許されないこととなります。

問題 4　私事が不特定多数者に公開・暴露されない権利としてのプライバシー権を「自己情報コントロール権」と呼ぶことがある。

解答　×
解説　私事が不特定多数者に公開・暴露されない権利としてのプライバシー権は「古典的プライバシー権」と呼ばれており（第 1 章参照）、自己情報コントロール権は自分の情報を誰とシェア（共有）するかを自ら決定できるという、人間関係の構築に関する人格権として理解されています。

問題 5　モニタリングに関して、個人情報の取扱いに係る重要事項等を定めるときは、予め労働組合等に通知し必要に応じて協議を行わなければならない。

解答　×
解説　個人情報保護委員会のガイドラインでは、労働組合等に通知し必要に応じて協議を行うことが望ましいとされているにすぎません。

問題 6　公道の所在は誰からでも観測可能なものであり、ある人がどこに所在するかということは、プライバシーのなかでも特に保護の必要性が高いものとはいえない。

解答　×
解説　総務省のガイドラインでは、ある人がどこに所在するかということは、プライバシーのなかでも特に保護の必要性が高いとされています。

問題 7　労務提供が義務付けられる勤務時間帯及びその前後の時間帯において、ナビシステムを使用して勤務状況を確認することは違法である。

解答　×
解説　東起業事件（東京地判平成 24 年 5 月 31 日労判 1056 号 19 頁）は、「労務

提供が義務付けられる勤務時間帯及びその前後の時間帯において、被告が本件ナビシステムを使用して勤務状況を確認することが違法であるということはできない」としています。

問題8　社内ネットワークシステムを用いた電子メールの送受信については、通常の電話装置の場合と全く同程度のプライバシー保護を期待することができない。

解答　○

解説　社内ネットワークシステムを用いた電子メールの送受信については、一定の範囲でその通信内容等が社内ネットワークシステムのサーバーコンピューターや端末内に記録されるものであること、社内ネットワークシステムには当該会社の管理者が存在し、ネットワーク全体を適宜監視しながら保守を行っているのが通常であることに照らすと、利用者において、通常の電話装置の場合と全く同程度のプライバシー保護を期待することはできません（F社Z事業部事件・東京地裁平成13年12月3日労判826号76頁参照）。

問題9　従業者を対象とするビデオやオンライン等によるモニタリングを実施する際は、モニタリングの目的を予め特定した上で、就業規則に定め、従業者に明示しなければならない。

解答　×

解説　社内規程等に定め、従業者に明示することが求められているにすぎません。

問題10　監視カメラ等によるモニタリングに関して、個人情報の取扱いに係る重要事項等を定めるときは、従業者に周知することが望ましい。

解答　○

解説　個人情報保護委員会のガイドラインでは、重要事項等を定めたときは、従業者に周知することが望ましいと考えられています。

問題11　特定従業員の動静を観察することのみを目的とした監視カメラの設置は許されない。

解答　○

解説　東起業事件（東京地判平成 24 年 5 月 31 日労判 1056 号 19 頁）は、事務所等にカメラを設置したことについて、防犯上事務所内を俯瞰する位置とすることに合理性があり、確かに特定従業員の動静をつぶさに監視できるが、特定従業員の動静を観察することのみを目的としているわけではないとして不法行為責任は成立しないとしています。

問題 12　私的利用の許されていないパソコン内に、職員が職務専念義務に違反して作成・保管した私用メール等の文書データについて、職員はプライバシー権を主張することはできない。

解答　○

解説　水戸地判平成 24 年 9 月 14 日判例自治 380 号 39 頁は、私的利用の許されていないパソコン内に、職員が職務専念義務に違反して作成・保管した私用メール等の文書データについて、職員はプライバシー権を主張することはできないとしています。

問題 13　企業は、その取り扱う個人データの漏えい、滅失又はき損の防止その他の個人データの安全管理のために必要かつ適切な措置を講じなければならない。

解答　○

解説　個人情報取扱事業者は、その取り扱う個人データの漏えい、滅失又はき損の防止その他の個人データの安全管理のために必要かつ適切な措置を講じなければなりません（個情法 23 条）。

問題 14　裁判所は、モニタリングを行う必要性とその方法、及び従業員のプライバシー等の権利利益への制約の程度等という相当性の 2 点に鑑み、モニタリングが従業員の受忍すべき範囲内かを判断している。

解答　○

解説　西日本鉄道事件（最 2 小判昭和 43 年 8 月 2 日民集 22 巻 8 号 1603 頁）は、使用者が従業員に対して乗車賃の不正隠匿等の防止のために行う所持品検査は、これを必要とする合理的理由に基づいて、一般的に妥当な方法と程度で、しかも制度として、職場従業員に対して画一的に実施されるものでなければならず、

このようなものとしての所持品検査が就業規則その他明示の根拠に基づいて行われるときは、従業員は、個別的な場合にその方法や程度が妥当を欠く等特段の事情がない限り、検査を受忍すべき義務があると判示しています

〔問題 15〕　ドイツでは、キーロガーを用いて従業員のコンピュータ使用状況を具体的な疑惑なしに監視することは、ドイツ連邦データプライバシー法に違反するとの判断が下されている。

〔解答〕　○
〔解説〕　case ref. 2 AZR 681/16.

第4章
人事評価・配置と
HRテクノロジー

本章の目的

　本章では、従業員の人事評価や配置に関して、HRテクノロジーを用いる際の留意点を学びます。まず人事評価や配置に活用されるHRテクノロジーの概要を確認した上で（1）、人事データの活用に関する個人情報保護法の規律（2）、人事評価に関する労働法の規律（3）、配置に関する労働法の規律（4）について確認します。その上で、HRテクノロジーを用いた人事評価や配置を行う際に検討すべき実務的問題として、判断のバイアスの問題、評価のブラックボックス化の問題、情報収集の限界の問題を中心に検討します（5）。

1　人事評価・配置に活用される HR テクノロジーの概要

(1)　人事評価・配置の特徴

　企業では、従業員に対する人事評価や、評価を踏まえた配置が定期的に行われます。

　一般的な人事評価は、①能力評価（知識、技能等）、②情意評価（挑戦度、責任感、協調性等）、③業績評価などの各分野につき、多数の評価項目から構成されています（部分的な例として、【図表 4-1】を参照。）。

　人事評価においては、従業員の自己評価と上司の評価を併記することが一般的ですが、最近では上司だけでなく、同僚や部下も対象者の評価を行う「360度評価」の手法を用いる企業もみられます。

【図表 4-1　人事評価シートの例（部分）】

能力ユニット	評価項目	自己評価	上長評価
働く意職と取組	法令や職場のルール、慣行などを遵守している。		
	出勤時間、約束時間などの定刻前に到着している。		
	上司・先輩などからの業務指示・命令の内容を理解して従っている。		
	仕事に対する目的意識や思いを持って、取り組んでいる。		
	お客様に納得・満足していただけるよう仕事に取り組んでいる。		
資任感	一旦引き受けたことは途中で投げ出さずに、最後までやり遂げている。		
	上司・先輩などの上位者や同僚、お客様などとの約束事を誠実に守っている。		
	必要な手続や手間を省くことなく、決められた手順どおりに仕事を進めている。		

自分が犯した失敗やミスについて、他人に責任を押し付けず自分で受け止めている。		
次の課題を見据えながら、手がけている仕事に全力で取り組んでいる。		

評価基準：A：常にできている　B：大体できている　C：評価しない
※厚生労働省のモデル評価シート[1)]を参考に筆者作成

(2)　HR テクノロジーのメリット・デメリット

　これまでの人事評価の難点としては、抽象的な質問項目も含まれていることから、上司の主観による偏りが入りがちでした。また、人間が評価する以上、評価を行うために分析するデータの量にも限りがありました。さらに、評価は四半期ごとに行うことが一般的で、従業員のパフォーマンスから評価までにタイムラグが発生することもありました。

　人事評価に HR テクノロジーを用いるメリットとしては、主観に偏った属人的な評価ではなく、客観的で公正な評価が可能になると期待されています。また、AI により膨大な量のデータを分析できるため、評価項目を拡大し、従来よりも多面的な評価が可能となります。加えて、AI を用いた分析スピードの向上とクラウド等を用いた情報共有により、評価をリアルタイムで行うことも可能です。

　他方でデメリットとして、まず、HR テクノロジーのみの評価では、バイアス（偏見）が含まれる危険があります[2)]。

　また、データが膨大になることで、判断のブラックボックス化が生じるおそれもあります。2020 年には、日本 IBM が AI を活用した人事評価ツールを用いて人事評価等を行ったことに対し、同社の従業員らによる労働組合が「判断の過程がブラックボックス化している」などと反発して、東京都労働委員会に救済申立てを行ったことが話題になりました[3)]。

　さらに、日常的にリアルタイムで評価がなされる場合には、1 回のミスが致

1)　https://www.mhlw.go.jp/stf/seisakunitsuite/bunya/0000127397.html

2)　第 1 章も参照。

命的になりかねず、かえって従業員のモチベーションが下がるおそれも指摘されています。[4]

（3）HRテクノロジーの例

　実際に用いられているHRテクノロジーとして、例えば、社員の顔や名前、評価履歴、個性、スキルなどの人材情報を可視化して一元管理し、社員の特性に応じた評価や配置を可能にするサービスなどがあります。

2　人事データの活用に関する個人情報保護法の規律

（1）総論

　人事評価や配置においても、採用の場面（第2章参照）やモニタリングの場面（第3章参照）と同様に、従業員の個人情報を含む様々な人事データを取得することになります。

　人事データの取得やプロファイリングの問題については、他章と共通する規律も多いため、本章では、企業（個情法16条2項の個人情報取扱事業者を指します。以下本章では同様。）が新たにHRテクノロジーのソフトウェアを導入し、以前から働いている従業員の人事評価や配置を行う場面を想定して、個人情報保護法の規律を確認します。

（2）利用目的の特定

　まず、企業が従業員の個人情報を取り扱う際には、利用目的をできる限り特

3）　ITmediaNEWS「AIを使った人事評価は「ブラックボックス」　日本IBMの労組が反発、学習データなど開示求める」（2020年4月10日）（https://www.itmedia.co.jp/news/articles/2004/10/news128.html）、弁護士ドットコムニュース「IBM「AI人事評価」、元人事責任者も知らない全容　労使紛争、都労委で証人尋問」（2022年5月20日）（https://www.bengo4.com/c_5/n_14490/）
4）　水谷英夫『AI時代の雇用・労働と法律実務Q&A』（日本加除出版、2018年）140頁。

定しなければなりません（個情法 17 条 1 項）。これは、人事評価や配置の場面でも同様です。

　利用目的の特定にあたっては、利用目的を単に抽象的、一般的に特定するのではなく、個人情報が企業において最終的にどのような事業の用に供され、どのような目的で利用されるのかを、従業員本人にとって一般的かつ合理的に想定できる程度に具体的に特定することが望ましいとされます（ガイドライン通則編 3-1-1。人事データ利活用原則（巻末資料参照）の「目的明確化の原則」も参照。）。

　新たに HR テクノロジーのソフトウェアを導入する場面においても、例えば取得する個人情報の項目につき、「取得した個人情報を分析・解析の上、従業員本人の人事評価及び適切な配置・異動を検討するために利用します」などと、人事評価や配置の目的で利用することを明確に記載することが考えられます。

(3) 利用目的の変更及び通知・公表

　次に、特定した利用目的が企業における従前の利用目的の変更に当たるか否かを確認します（従前において利用目的の定めがない場合は、原則として、上記(2)の利用目的を通知又は公表する必要があります。個情法 21 条 1 項参照）。

　変更に当たる場合には、変更前の利用目的と関連性を有すると合理的に認められる範囲でなければならず（個情法 17 条 2 項）、この範囲を超える場合には従業員の同意が必要です（個情法 18 条 1 項。人事データ利活用原則の「利用制限の原則」も参照。）。

　利用目的を変更した場合には、従業員本人に通知し、又は公表しなければなりません（個情法 21 条 3 項）。「通知」も「公表」も、事業の性質及び個人情報の取扱状況に応じた合理的かつ適切な方法による必要があります（ガイドライン通則編 2-14、2-15）。

　実務的には、例えば新たに導入した HR テクノロジーのソフトウェアの初回起動時に、従業員に対して利用規約等の規程を確実に読ませる手続を踏んだ上で、従業員の同意を得るフローを設けることなどが考えられます。[5][6]

---

5)　公表の文脈ではありますが、HR テクノロジー（2018）154 頁〔板倉陽一郎〕参照。

(4)　その他の規律

　なお、その他の規制として、従業員の個人情報を取得する場面では、偽りその他不正の手段によってはなりません（個情法 20 条 1 項。人事データ利活用原則の「適正取得原則」も参照。）。また、従業員の信条や病歴等の要配慮個人情報を取得する場合には、原則として従業員の同意を得る必要があります（同条 2 項。なお健康情報については、第 3 章、第 5 章も参照。）。

　加えて、適切な人事評価や配置のためには、従業員の人事データを常にアップデートすることが望ましいといえます。個人情報保護法においても、企業は利用目的の達成に必要な範囲内において従業員の個人データを正確かつ最新の内容に保つ努力義務や、利用する必要がなくなった個人データを遅滞なく消去する努力義務を負います（個情法 22 条。人事データ利活用原則の「正確性、最新性、公平性原則」も参照。）。

　さらに、違法又は不当な行為を助長し、又は誘発するおそれがある方法により個人情報を利用してはなりません（個情法 19 条）。人事評価や配置において従業員のプロファイリングを実施する場合には、人事データ利活用原則の「利用制限の原則」、「アカウンタビリティの原則」にも留意してください。

3　人事評価に関する労働法の規律

(1)　法律による規律

　次に、従業員の人事評価をするにあたり、労働法の分野ではどのような制限があるのでしょうか。

　まず、法律の明文による規制としては、評価の際に、対象者の国籍・信条・社会的身分（労基法 3 条）や、性別（男女雇用機会均等法 6 条 1 号[7]）、組合加入・

---

6)　なお就業規則の不利益変更の手続によって、個人情報の利用目的の変更が可能か否かについては、見解の一致を見ていません。差し当たり HR テクノロジー（2022）366 頁〔板倉陽一郎〕、松尾 29 頁を参照。

組合活動（労組法 7 条）を考慮に入れることが禁止されています。

(2)　裁判例による規律（人事権の濫用）

　そして、人事評価は経営判断と結びついており、かつ評価項目や基準のなかには抽象的なものもあります。そのため、評価にあたっては、企業側に広い裁量権が認められています（光洋精工事件・大阪高判平成 9 年 11 月 25 日労判 729 号 39 頁等）。しかし、評価者が人事評価制度の趣旨に反して裁量権を濫用したといえる場合には、違法と評価され、不法行為等の責任が問われます。

　裁判例においては、嫌がらせ目的の評価や、著しくバランスを欠く評価、所定の評価要素以外の要素に基づいた評価、評価対象期間外の事実を考慮した評価などが違法と判断されています（具体例は【図表 4-2】を参照）。

【図表 4-2　人事評価が違法とされた例】

> ➤　組合員であること等を理由に正当に評価しなかった例（ヤマト運輸事件・静岡地判平成 9 年 6 月 20 日労判 721 号 37 頁）
> ➤　会社の意に沿わない言動を行った労働者への嫌がらせないし見せしめ目的で評価した例（日本レストランシステム事件・大阪地判平成 21 年 10 月 8 日労判 999 号 69 頁）
> ➤　人事制度に則らずに管理部長の個人的な感情や見方を強く反映して評価した例（国際観光振興機構事件・東京地判平成 19 年 5 月 17 日労判 949 号 66 頁）
> ➤　経営陣批判を繰り返したことを、対象期間後の評価においても考慮した例（マナック事件・広島高判平成 13 年 5 月 23 日労判 811 号 21 頁）

(3)　人事評価制度の改定が労働条件の不利益変更になる場合

　なお、人事評価制度の改定それ自体が労働条件の不利益変更になる場合には、労働者との合意（労契法 8 条）又は就業規則の不利益変更（労契法 9 条、10 条）の問題が生じることにも留意が必要です。

---

7)　既婚女性であることを理由に一律に低く査定したことにつき、人事権の濫用と判断した裁判例として、住友生命保険事件・大阪地判平成 13 年 6 月 27 日労判 809 号 5 頁。

4　配置に関する労働法の規律

(1)　総論

　続いて、従業員の配置にあたり、労働法ではどのような制限があるのでしょうか。これは、労働法の分野では、古くから「配転」の問題と呼ばれてきました。

　まず、配転をするためには、従業員との労働契約において配転命令権が根拠付けられていることが必要です。一般には、就業規則等で「会社は、業務上の都合により、従業員に対して配置転換、転勤を命じることができる。」といった規定が設けられており、このような条項が従業員に周知されていれば、使用者の配転命令権を根拠付けるものになると考えられています（労契法 7 条参照）。

　その上で、配転に関しては、個別の従業員との間の契約で職種や勤務地を限定している場合と、限定していない場合の 2 種類に分けて検討します。

(2)　契約で職種や勤務地を限定している場合

　まず、職種や勤務地を限定する特別の合意が認められる場合には、配転命令権はその合意の範囲内に限定されます。そのため、使用者としては、原則として、この合意の範囲を超える職種や勤務地への配転を一方的に命じることはできません。

　職種や勤務地の変更について、労働者の同意を得て配転を行おうとする場合には、その同意が労働者の任意による必要があります（西日本鉄道〔B 自動車営業所〕事件・福岡高判平成 27 年 1 月 15 日労判 1115 号 23 頁参照）。

(3)　契約で職種や勤務地を限定していない場合

　職種や勤務地を限定していない場合には、配転は原則として有効ですが、例外的に、配転命令権の行使が権利濫用となる場合には違法・無効となります。

　東亜ペイント事件の最高裁判決（最2小判昭和61年7月14日集民148号281頁）によると、配転命令に業務上の必要性が存在しない場合（①）又は業務上の必要性が存在する場合であっても、配転命令が他の不当な動機・目的をもってなされた場合（②）若しくは労働者に通常甘受すべき程度を著しく超える不利益を負わせる場合（③）等、特段の事情が存在する場合には、配転命令が権利濫用で違法・無効になります。

　これらの要素のうち、①の業務上の必要性については、「余人をもっては容易には替え難い」という高度の必要性までは要求されず、労働力の適正配置や業務の能率増進といった事情で足りると解されています。②の不当な動機・目的としては、労働者への報復、嫌がらせ、退職へ追い込む目的での配転などが挙げられます。③の労働者への不利益としては、配転すると病気の家族を介護・看護できなくなる場合などが挙げられます（裁判例について詳しくは【図表4-3】を参照）。裁判例では、①の要素と②、③の要素とを相関的に判断するものが多くみられます。[8]

【図表4-3　配転が違法とされた例】

②の不当な動機・目的を認めた例
➢ 経営陣に批判的な労働者を本社から排除し、又は退職することを期待して配転した例（マリンクロットメディカル事件・東京地決平成7年3月31日労判680号75頁） ➢ 組合内で会社に強く対抗するなど会社批判の中心にいた労働者を嫌悪して配転した例（朝日火災海上保険〔木更津営業所〕事件・東京地決平成4年6月23日判時1439号151頁）
③の労働者に通常甘受すべき程度を著しく超える不利益を負わせると認めた例
➢ 労働者が重症のアトピー性皮膚炎の子ども2人を共稼ぎの配偶者とともに看護していた例（明治図書出版事件・東京地決平成14年12月27日労判861号69頁） ➢ 労働者本人がメニエール病で長時間の通勤に耐えられない例（ミロク情報サービス事件・京都地判平成12年4月18日労判790号39頁）

---

8)　水町勇一郎『詳解　労働法［第2版］』（東京大学出版会、2021年）512頁参照。

　また、裁判例には、労働者に配転に関する意向の聴取を行い家庭の事情等を考慮に入れたか、配転の理由や内容等について労働者に具体的に説明したかなど、配転に至る手続の妥当性をも考慮に入れて権利濫用性を判断するものもあります（日本レストランシステム事件・大阪高判平成 17 年 1 月 25 日労判 890 号 27 頁等）。

　加えて、近時ではワーク・ライフ・バランスの社会的要請が高まっており（労契法 3 条 3 項参照）、介護や育児等への丁寧な配慮が求められていることにも留意が必要です（ネスレ日本事件・大阪高判平成 18 年 4 月 14 日労判 915 号 60 頁参照）。

5　人事評価・配置をめぐる HR テクノロジーの実務的課題

(1)　人事評価に関する実務的課題

　以上で述べてきた労働法の規制を踏まえると、人事評価に関する実務的課題としては、AI による判断のバイアスの問題と、評価のブラックボックス化の問題が挙げられます。加えて、人事評価が持つデリケートな側面にも配慮が必要です。

(A)　AI による判断のバイアスの問題

　まず、前記 3 で述べたように、人事評価が人事権の濫用に当たれば、違法と評価されます。

　この点に関して実務的には、第 2 章でも紹介された大手 IT 企業のケース（AI を活用した人材採用システムが、過去データのバイアス等から女性差別的な判断をしていた事例。）が参考になります。

　このケースは採用に関するものでしたが、人事評価の場面でも同じことが起こる可能性があります。例えば、出世した管理職の若手時代のプロファイル情報をもとに人事評価モデルを作成した場合、もしその会社の「出世した管理職」の大部分が男性であれば、男性に有利に偏った評価モデルになる可能性があります。その結果として、女性の管理職が生まれにくい状況が生じますし、

法律的にも、女性への差別的な評価として人事権の濫用と判断される可能性があります[9]。

そこで、このようなバイアスが発生しないよう、人事評価の項目やパラメータに差別的な要素がないか、人間が点検することが必要です[10]（人事データ利活用原則の「人間関与原則」も参照。）。

（B）評価のブラックボックス化の問題

また、評価のブラックボックス化にも注意が必要です。

例えば、営業部門の従業員を売上の獲得実績に基づいて評価するように、定量化がある程度可能な評価制度であれば、従業員への説明も比較的容易です。しかし、評価に AI のディープラーニングを用いたような場合には、人間による説明と比べてより曖昧で不明確なものになる可能性があります[11]。そして、このようなブラックボックス化に伴い、次の二つの問題が生じます。

一つ目は、考慮すべきでない情報に気づくのが難しくなる問題です。上記の（A）で述べた大手 IT 企業のケースでは、建前上は男女による区別はしていなかったものの、出身校が女子大学であればマイナス評価とするなど、評価の細目において女性を差別していました。

二つ目は、従業員へのフィードバックが難しくなる問題です。人事評価には、従業員の今後のパフォーマンスを促す側面もありますが、単に「AI が低い点を出したからあなたの評価が低い」と伝えるだけでは、従業員が納得して評価を受け入れることは難しいでしょう。

特に、この二つ目の問題に関しては、人事評価が持つデリケートな側面への[12]

---

9)　松尾剛行「HR テクノロジーを運用する場合の法的留意点」『日経 MOOK まるわかり！　HR テクノロジー』（日本経済新聞出版社、2020 年）21 頁（以下、「松尾日経 MOOK」と略。）。

10)　AI の分析の間違いを会社が容易に把握できた場合など、プロセスの妥当性が問題となる場合につき、福岡真之介編著『AI の法律』（2020 年）336 頁〔菅野百合〕。直接差別の問題が生じる場合につき、亀石久美子他「AI 技術の労働分野への応用と法的課題——現状の技術水準と将来の展望を踏まえて——」季刊労働法 275 号（2021 年）26 頁も参照。

11)　いわゆる「ブラックボックス」のうち、技術的に人間が確認できる事柄につき、亀石他・前掲注10) 32 頁を参照。

12)　松尾 239 頁。

配慮が必要です。人事評価は、従業員を「評価」する場面である以上、多かれ少なかれ従業員の人格に触れるものです。そのため、評価の理由について説明を尽くし、従業員からの信頼を損なわないように留意すべきです。

　具体的な対応としては、第 2 章でも触れた、人と AI の協働の視点（ケンタウロスモデル）を取り入れることが考えられます。[13] AI による評価について人間が点検を行うとともに、人事データ利活用原則のうち「アカウンタビリティの原則」や「人間関与原則」の観点を踏まえて、人事担当者や従業員とよく接している上司から丁寧な説明を行うことが必要となるでしょう。

(2)　配置に関する実務的課題

　配置に関しても、人事評価と同様に、差別の問題や判断のブラックボックス化の問題[14]がある他、そもそも情報収集の限界の問題があります。

　配置は、同じ部署内の異動であれば従業員の人間関係等に影響し、また転勤を伴う場合は従業員の私生活にも影響するなど、やはり人事評価と同様にデリケートな側面を有しています。そして、少なくとも現在の HR テクノロジーでは、社内の人間関係の機微や、従業員の家族の育児・介護等に関する情報までは十分に取得できない場合も考えられます。

　その一方で、前記 4 で述べた裁判所の考え方を踏まえると、従業員の配置にあたっては、業務上の必要性に加え、従業員に不利益を負わせることにならないかという観点から、育児・介護をはじめとする家庭の状況等も相関的に考慮すべき場合もあります。

---

13)　城塚健之「AI 時代における労働法実務の課題」季刊労働法 275 号（2021 年）91 頁、渡邊涼介『人事労務管理とプライバシー・個人情報保護』（青林書院、2022 年）294 頁、岡本明子他「従業員情報の管理の実務（4・完）」NBL1239 号（2023 年）70 頁。亀石他・前掲注 10）14 頁も参照。

14)　ジョブフィット率が低いと AI で判定された者に対する人間視点での説明の必要性につき、HR テクノロジー（2022）244 頁〔倉重公太朗〕。

15)　松尾日経 MOOK22 頁。他に豊田泰行「HR テクノロジーの利活用とコンプライアンスの両立に果たす法務部および組織内弁護士の役割」日本組織内弁護士協会編『組織内弁護士の実務と研究』（2021 年）126 頁、城塚・前掲注 13）90 頁、HR テクノロジー（2022）243 頁〔倉重公太朗〕、岡本他・前掲注 13）70 頁を参照。

　そのため、ここでも AI と人間の協働による解決が考えられます。例えば、¹⁵⁾
HR テクノロジーが業務上の必要性を重視して従業員に対して遠隔地への配転
を推奨したところ、従業員が家族の介護を理由に遠隔地への配転に難色を示し
たような場合には、人事担当者や日頃からよく接している上司が家族の状況を
丁寧にヒアリングした上で、業務上の必要性と従業員の家庭の事情等を相関的
に考慮し、配転の有無を最終決定する必要があります。

　結局のところ、人事評価・配置の分野における、現時点での HR テクノロ
ジーの位置付けとしては、人間が判断を行う上で合理性を裏付けるための参考
と捉え、人間との協働をうまく図っていくことが重要といえます。

確認問題

[問題1]　人事評価においては、従業員の協調性など情意に関する事項も考慮に入れ
　　ることができる。

　[解答]　○
　[解説]　人事評価は使用者の裁量に委ねられるところが大きく、従業員の協調性
　　などの情意に関する事項も考慮に入れることができます。

[問題2]　人事評価においては、評価する上司の主観が入る余地はない。

　[解答]　×
　[解説]　人事評価には、抽象的な項目も多く含まれており、上司の主観による評
　　価も入る余地があります。

[問題3]　人事評価のためなら、利用目的をできる限り特定することなく、従業員の
　　個人情報を取り扱うことも可能である。

　[解答]　×
　[解説]　人事評価のためであっても、従業員の個人情報を取り扱うにあたっては、
　　利用目的をできる限り特定しなければなりません（個情法 17 条 1 項）。

問題 4　個人情報保護法においては、従業員に対して個人情報の利用目的を通知するための具体的な方法が記載されている。

解答　×
解説　個人情報保護法においては、従業員に対して個人情報の利用目的を通知するための具体的な方法までは記載されていません（個情法 21 条 1 項等を参照）。

問題 5　人事評価や配置のためであれば、会社は従業員の信条や病歴に関する情報を本人の同意なく取得することができる。

解答　×
解説　従業員の信条や病歴などの要配慮個人情報を取得するには、原則として本人の同意が必要で（個情法 20 条 2 項）、これは人事評価や配置の場面においても変わりません。

問題 6　人事評価の際に、対象者の国籍や信条を考慮に入れてはならない。

解答　○
解説　人事評価の際に、対象者の国籍や信条を考慮に入れることは禁止されています（労働基準法 3 条）。

問題 7　人事評価の際に、対象者の組合活動を理由に評価することは問題ない。

解答　×
解説　人事評価の際に、対象者が労働組合で活動していることを考慮に入れることは禁止されています（労組法 7 条）。

問題 8　人事評価の際には、使用者の広い裁量が認められるが、人事権の濫用と認められる場合には違法と評価される。

解答　○
解説　多くの裁判例においては、人事評価に際して使用者側の広い裁量を認めつつ、人事権の濫用と認められる場合には違法と評価しています（日本レスト

ランシステム事件・大阪地判平成 21 年 10 月 8 日労判 999 号 69 頁等)。

問題9　配転を命じるためには、従業員との契約や就業規則等において使用者の配転命令権が根拠付けられていることが必要である。

解答　○

解説　配転を命じるためには、契約や就業規則等において使用者の配転命令権が根拠付けられていることが必要です。一般には、就業規則で「会社は、業務上の都合により、従業員に対して配置転換、転勤を命じることができる。」等の規定が設けられています。

問題10　従業員との間で職種や勤務地を制限する特別の合意が存在する場合、使用者は原則として、そのような合意の範囲を超えた配転を一方的に命じることはできない。

解答　○

解説　従業員との間で職種や勤務地を制限する特別の合意が存在する場合には、使用者は当該合意に拘束されますので、原則として、合意の範囲を超えた配転を一方的に命じることはできません。

問題11　配転命令に業務上の必要性が存在する場合には、従業員は当該配転命令に必ず従わなければならない。

解答　×

解説　東亜ペイント事件の最高裁判決(最 2 小判昭和 61 年 7 月 14 日集民 148 号 281 頁)によると、配転命令に業務上の必要性が存在する場合であっても、配転命令が他の不当な動機・目的をもってなされた場合や、労働者に通常甘受すべき程度を著しく超える不利益を負わせる場合等、特段の事情が存在する場合には、配転命令が権利濫用で違法・無効になります。

問題12　従業員の家族に重い病気の者がいて看護が必要な場合には、その他の事情も踏まえ、その従業員に対する転勤命令が違法になる場合がある。

解答　○

　　解説　裁判例には、例えば重度のアトピー性皮膚炎の子ども 2 人を共稼ぎの配偶者とともに看護していた事案で、転勤命令を違法・無効と判断したものがあります（明治図書出版事件・東京地決平成 14 年 12 月 27 日労判 861 号 69 頁）。

　問題 13　HR テクノロジーを用いて新しい人事評価モデルを作成する際に、その会社で過去に出世した管理職のデータのみをもとにして人事評価モデルを作成・運用しても問題はない。

　　解答　×
　　解説　例えばその会社の「出世した管理職」の大部分が男性であれば、男性に有利に偏った評価モデルになる可能性があり、その結果として女性管理職が生まれにくくなる問題の他、法律的にも人事権の濫用として違法になりうる問題があります。

　問題 14　HR テクノロジーを使って従業員に人事評価を行い、従業員に対して役割をフィードバックする際には、評価の理由として「AI が低い点を出したからあなたの評価は低い」とだけ伝えれば必要十分である。

　　解答　×
　　解説　単に「AI が低い点を出したからあなたの評価が低い」と伝えるだけでは、従業員が納得して評価を受け入れることは難しいので、より具体的な評価根拠を示すことが必要と考えられます。

　問題 15　HR テクノロジーを使って従業員の配置を行う際には、配置の理由として、「AI が諸事情を踏まえて適切に決定したので、あなたの来期の配置は○○部署の○○担当にします」とだけ伝えれば必要十分である。

　　解答　×
　　解説　単に「AI が決めたから」と伝えるだけでは従業員が納得して新しい配置で働くことは難しいので、配置に際してどのような考慮をしたのか、具体的な根拠を示しつつ説明することが必要と考えられます。

第5章
健康管理と
HRテクノロジー

本章の目的

　本章は、企業が健康管理を行う際にHRテクノロジーを用いる際の留意点について学ぶことを目的とします。まず健康情報管理に関する基本的規律の概要を確認した上で（1）、取得の問題（2）、管理・利活用・提供・加工の問題について解説します（3）。

　その上で、HRテクノロジーを用いた健康管理を行う場合に検討すべき問題として、法規制としてのプライバシー法、人事データ利活用原則を踏まえた健康に関する人事データの実務活用及び安全配慮義務の問題を検討します（4）。

1　健康情報管理に関する基本的規律[1]

(1)　健康情報管理の悩ましさ

　健康情報の管理においては、まさに従業員情報の利活用の必要性と従業員の
プライバシーとの間のバランスが問われます。その結果、人事労務部門等にお
いて健康情報を管理される方としてはその実務対応が非常に悩ましいものと思
われます。

　つまり、健康情報は、個人情報のなかでも特に機微であって、その安全の確
保や適正な取扱いが図られなければならない反面、使用者は、労安衛法やその
他の関係法令の規定や安全配慮義務の履行のため、従業員の健康情報を収集し、
利活用しなければなりません[2]。

　例えば、労安衛法 66 条は健康診断の実施義務及び受診義務を定めており、
その結果として使用者は従業員の健康診断結果を取得することになります。し
かも、使用者は、5 年間健康診断個人票を保管しなければなりません（労安衛
法 66 条の 3、103 条、労安衛規則 51 条）。このように、使用者が健康情報を取得
することは、労働法が元々予定するところであり、また、後述のとおり安全配
慮義務等の観点からも、これを一定以上積極的に利活用することが想定されて
います。

　他方、健康情報は個人情報のなかでも特に機微で、センシティブ性が高い情
報であり、特に HIV などの重篤な疾患に関する情報のように、不適切な利用
がされれば不当な差別を招来することもありえます。

---

1)　本章全体について、松尾剛行『AI・HR テック対応　人事労務情報管理の法律実務』（弘文堂、
　　2019 年）、特にその第 8 章を参照のこと。
2)　厚生労働省「労働者の健康情報の保護に関する検討会報告書」（平成 16 年 9 月 6 日）
　　（https://www.mhlw.go.jp/shingi/2004/09/s0906-3a.html）の指摘も参照。

（2）使用者の実施する健康管理に関する基本的規律

（A）労働安全衛生法（労安衛法）

　労働者の健康は、労働者自身にとってはもちろん、使用者にとっても、そして、社会にとっても重要です。労働法は労働者の健康が労働によって害されないよう様々な規定を設けているところ、その中心となる規定は労安衛法等が定める労働の場における安全衛生に関する規律です。

　労安衛法は、職場における衛生の確保、すなわち従業員が就業上接する物質や設備環境の状態を健康障害が生じるおそれがないものとすること（新型コロナウイルスその他の感染症が注目を浴びる現代社会において、職場における衛生の確保が重要なことは当然でありますが、ここでは詳述しません。[3]）とともに、「安全」の確保、すなわち従業員が就業に関連した異常な出来事（事故）によって身体又は健康を害される危険を除去するため「衛生」の確保すること等、使用者に対して様々な義務を課しています。

　例えば、健康診断についてみると、使用者は一般健康診断（労安衛法66条1項）と特殊健康診断（同条2項3項）を実施しなければならなりません。一般健康診断は雇入れ時（労安衛規則43条）及び定期（労安衛規則44条）に行うべきですが、臨時の健康診断も存在します（労安衛法66条4項）。労安衛法66条5項は従業員がこれらの健康診断を受診する義務を負う旨を定めていますが、従業員は別の医師による健康診断を受診することもできます（同項ただし書）。使用者は健康診断の結果を、受診した従業員に遅滞なく通知しなければならず（労安衛法66条の6、労安衛規則51条の4）、健康診断個人票として、記録を5年間保存しなければなりません（労安衛法66条の3、労安衛規則51条）。その他、異常所見者に対しては、医師・歯科医師の意見を聞いて（労安衛法66条の4）、

3）　個人情報保護委員会事務局「新型コロナウイルス感染症の感染拡大防止を目的とした個人データの取扱いについて」（令和2年4月2日（令和2年5月15日一部改正））（https://www.ppc.go.jp/files/pdf/200515_1.pdf）、岡本明子他「従業員情報の管理の実務（3）」NBL1236号（2023年）42頁及び渡邊涼介『人事労務管理とプライバシー・個人情報保護』（青林書院、2022年）260頁以下参照。

措置を講じなければならず（労安衛法66条の5）、また必要により受診した従業員に医師又は保健師による保健指導を行うよう努めなければなりません（労安衛法66条の7）。なお、健康診断の実施の事務に従事した者は、その実施に関して知りえた秘密を漏らしてはなりません（労安衛法105条）。

このように、労安衛法においては、一連の使用者による従業員の健康情報取得（例えば、健康診断結果の取得）及びその活用（例えば、異常所見に基づく措置等）義務が規定されています。これらは、公法上の義務（事業者が行政法上行うべき事項）を定める規定として、その違反に対する公法上の制裁が課せられる他、その内容には労働契約の内容や使用者がなすべき業務命令の内容を規律するものがあると考えられていますし、次項で後述する安全配慮義務の内容となって私法上の効力を認められるものもあります。このような、安全配慮義務の内容となっている労安衛法の義務に違反した結果、従業員に損害が発生した場合に、使用者が債務不履行責任や不法行為責任を負う可能性もあります。

なお、労安衛法104条は「事業者は、この法律又はこれに基づく命令の規定による措置の実施に関し、労働者の心身の状態に関する情報を収集し、保管し、又は使用するに当たつては、労働者の健康の確保に必要な範囲内で労働者の心身の状態に関する情報を収集し、並びに当該収集の目的の範囲内でこれを保管し、及び使用しなければならない。ただし、本人の同意がある場合その他正当な事由がある場合は、この限りでない。」（1項）とし、2項で事業者に労働者の心身の状態に関する情報を適正に管理するために必要な措置を講じることを求めています。後記（3）（C）で定義する指針は労働者の心身に関する情報を適正に管理するためのものです（3項参照）。

(B) 安全配慮義務

上記のとおり、労安衛法上の義務は基本的には使用者に課される公法上の義務であり、私法上（労働契約上）の義務を直ちに構成するものではありませんが、以下に述べるとおり、使用者は、私法上も、安全配慮義務の履行の一環として、従業員の健康に配慮しなければなりません。そのような安全配慮義務を履行したか否かを判断する際には、労安衛法上の義務を履行しているかは一つの参考となります。労安衛法上の義務を履行しているというだけでは直ちに適

法（安全配慮義務を履行した）とはなりませんが、労安衛法上の義務を履行していない場合には、それが安全配慮義務の内容、安全配慮義務の不履行にもなるという解釈がされることがあります（【図表5-1】参照）。

【図表5-1 安全配慮義務と労安衛法の義務の関係】

	労安衛法の義務を履行している	労安衛法の義務を履行していない
安全配慮義務を履行している	いずれも履行するのが望ましい	労安衛法に違反しているだけでは直ちに安全配慮義務を履行したとはならない
安全配慮義務を履行していない	労安衛法は履行していても安全配慮上の（異なる）義務に違反することがある労	労安衛法違反についてそれが安全配慮義務の内容をも構成しており、安全配慮義務違反になることがある

　安全配慮義務の概念は、判例上、自衛隊車両整備工場事件（最3小判昭和50年2月25日民集29巻2号143頁）において確立しました。公務員（自衛隊員）の事故に関する国の責任が問われたこの事案において、最高裁は、国が公務員に対して安全配慮義務を負うとしました。

　その後、川義事件（最3小判昭和59年4月10日民集38巻6号557頁）において、安全配慮義務が私人間の雇用関係上も認められることが確認されました。この事案では、夜勤の従業員が（元従業員の）強盗に襲われたことから、従業員側が使用者側に責任を追及したところ、最高裁は、安全配慮義務を「労働者が労務提供のため設置する場所、設備もしくは器具等を使用し又は使用者の指示のもとに労務を提供する過程において労働者の生命及び身体等を危険から保護するよう配慮すべき義務」と定義し、使用者は従業員に対し、このような安全配慮義務を負うとしました。

　上記のような判例の展開が結実したのが、労契法5条です。同条は「労働者がその生命、身体等の安全を確保しつつ労働することができるよう、必要な配慮」を義務付けます。なお、通達（平成20年1月23日基発0123004号）は、安全配慮義務は労働契約上の付随義務であるところ、「生命、身体等」には、心身の健康も含むとしています。つまり、使用者は単なる物理的な怪我による労

災事故の防止のみが義務付けられているのではなく、心身の健康被害の防止、例えば、メンタルヘルス上の問題発生の防止についても義務付けられています。このように、健康管理と安全配慮義務の間には密接な関係があります。

　ここで、従業員の健康、特に職業性の疾病に関する安全配慮義務の内容には、①疾病・死亡の防止段階における措置義務と②疾病の悪化を回避する段階における措置義務の 2 種類があるとされます。[4]

　まず、疾病・死亡の防止段階における措置義務であり、有害な化学物質排出の抑止など安全な環境の整備、衛生設備の設置、保護具の装着、安全衛生教育の実施、健康診断の実施、作業環境の測定、メンタルヘルスケア等が挙げられます。

　次に、疾病の悪化を回避する段階における措置義務としては、健康診断結果の従業員への告知義務、医師の意見の聴取義務、軽作業転換義務、労働時間の軽減等の過重負荷抑制義務、メンタルヘルスケア等が挙げられます。この二つ目の類型は、既に疾病に罹患し、又はその兆候ないし予兆のある従業員について、それが悪化することを回避するものです。例えば、健康診断の結果として特に問題がある場合について、従業員に伝達した上で必要に応じ医者の意見を聴取し、現状の業務の負荷が疾病悪化を招きかねないのであれば軽作業への転換や労働時間軽減等を行うシチュエーションが想定されます。

(3)　健康情報管理に関する基本的規律

(A)　個人情報保護法上の「要配慮個人情報」該当性

　従業員の健康情報は要配慮個人情報に該当しえます。個人情報保護法 2 条 3 項は、病歴その他の個人情報を要配慮個人情報とするところ、「病歴」は、病気に罹患した経歴を意味するものであり、特定の病歴を示した部分（例えば、がんに罹患している、統合失調症を患っている等）が該当するとします（ガイドライン通則編 2-3 (4)）。風邪等の一般的かつ軽微な疾患についても病歴に含まれます（2015 年改正時通則編パブコメ 156 番）。そこで、例えば診断書を提出して

---

4)　土田道夫『労働契約法［第 2 版］』（有斐閣、2016 年）524 頁。

病欠を報告させる場合には、使用者は従業員から病歴情報という要配慮個人情報を取得し、これを利活用して、病欠の承認等を行うことになります。

　また個人情報保護法施行令2条は、以下の3種類を含む情報を要配慮個人情報としています。

- ・身体障害、知的障害、精神障害（発達障害を含む）その他の個人情報保護委員会規則で定める心身の機能の障害があること（1号）[5]
- ・本人に対して医師その他医療に関連する職務に従事する者（医師等）により行われた疾病の予防及び早期発見のための健康診断その他の検査（健康診断等）の結果（2号）[6]。
- ・健康診断等の結果に基づき、又は疾病、負傷その他の心身の変化を理由として、本人に対して医師等により心身の状態の改善のための指導又は診療若しくは調剤が行われたこと（3号）[7]

(B)　健康情報取扱いの原則

　以上のような要配慮個人情報は特に注意して取り扱わなければなりません。そして、その際には、個情法の要配慮個人情報の扱いに関する規制（例えば、オプトアウト禁止〔個情法27条2項ただし書〕）のみならず、労働法の要求にも留意が必要です。

---

5)　個人情報保護法施行規則5条。
　　①身体障害者福祉法別表に掲げる身体上の障害があることを特定させる情報（1号）
　　②知的障害者福祉法にいう知的障害があることを特定させる情報（2号）
　　③精神保健福祉法にいう精神障害（発達障害者支援法2条1項に規定する発達障害を含み、知的障害者福祉法にいう知的障害を除く。）があることを特定させる情報（3号）
　　④治療方法が確立していない疾病その他の特殊の疾病であって障害者総合支援法4条1項の政令で定めるものによる障害の程度が同項の厚生労働大臣が定める程度であるものがあることを特定させる情報（4号）
6)　個人情報保護法施行令2条2号の情報は、疾病の予防や早期発見を目的として行われた健康診査、健康診断、特定健康診査、健康測定、ストレスチェック、遺伝子検査（診療の過程で行われたものを除く）等、受診者本人の健康状態が判明する検査の結果が該当します（ガイドライン通則編2-3（8））。

　なお、「労働者の健康情報の保護に関する検討会報告[8)]」が行った提言においては、①取扱いに際しての本人同意、②産業医等ないし衛生管理者等による情報の集中管理、③産業医等ないし衛生管理者等から使用者への情報提供に際しての情報の加工、④取扱いルールの策定、が基本原則とされています。

(C)　主要な通達・ガイドライン

　個人情報保護委員会及び厚生労働省は「雇用管理分野における個人情報のうち健康情報を取り扱うに当たっての留意事項[9)]」(以下、「留意事項」といいます)を公表しており、この留意事項の規定は、実務上重要です。
　また、その後、厚生労働省は「労働者の心身の状態に関する情報の適正な取扱いのために事業者が講ずべき措置に関する指針[10)]」(以下、「指針」といいます)を公表しており、これも実務上価値が高いといえます。指針は、健康診断等の健康を確保するための措置や任意に行う労働者の健康管理活動を通じて得た労働者の心身の状態に関する情報を「心身の状態の情報」と定義した上で、その取扱い規程を定めることその他による取扱いの明確化が必要であることから、

---

7)　個人情報保護法施行令 2 条 3 号は 2 種類を規定します。まず「健康診断等の結果に基づき」「本人に対して医師等により心身の状態の改善のための指導又は診療若しくは調剤が行われたこと」は、健康診断等の結果、特に健康の保持に努める必要がある者に対して医師又は保健師が行う保健指導等の事実及び内容が該当します(ガイドライン通則編 2-3 (9))。労安衛法に基づき医師又は保健師により行われた保健指導の内容、同法に基づき医師により行われた面接指導の内容、高齢者の医療の確保に関する法律に基づき医師、保健師、管理栄養士により行われた特定保健指導の内容等が該当します。法律に定められた保健指導の内容に限定されるものではなく、任意の保健指導の内容も該当します。なお、病院等を受診したという事実も該当する(個情法 Q&A1-25)。次に、「疾病、負傷その他の心身の変化を理由として、本人に対して医師等により診療又は調剤が行われたこと」とは、病院、診療所、その他の医療を提供する施設における診療又は調剤の過程で、患者の身体の状況、病状、治療状況等について、医師、歯科医師、薬剤師、看護師その他の医療従事者が知り得た情報すべてを指し、診療記録等、病院等を受診したという事実、調剤録、薬剤服用歴、お薬手帳に記載された情報等が該当します。薬局等で調剤を受けたという事実も該当します(ガイドライン通則編 2-3 (9))。

8)　https://www.mhlw.go.jp/shingi/2004/09/s0906-3a.htm1

9)　https://www.ppc.go.jp/files/pdf/koyoukanri_ryuuijikou.pdf。なお、2023 年 7 月時点でも、改正前と同じものが PPC のサイトに掲載されており、その結果ガイドラインの引用部分等が現行のものと異なっています。

10)　https://www.mhlw.go.jp/content/000922318.pdf

心身の状態の情報の取扱いに関する原則を明らかにしつつ、事業者が策定すべき取扱規程の内容、策定の方法、運用等について定めました。

　ここで、留意事項が定められた後に指針が制定されたことから、この二つの関係が問題となりえます。厚生労働省によれば、指針は留意事項の内容を包含しており、指針に基づき適切に取扱い規程を定めれば留意事項の規程制定義務も履行されたことになるものの、もし使用者において留意事項のみに従って策定した取扱い規程しか存在しないのであれば、指針に従ったアップデートが必要だということです。[11]

2　取得——推知情報を踏まえて

(1)　取得する情報の例

　使用者が労働管理の文脈で取得する健康関係情報については、網羅的ではないものの、留意事項が以下の【図表5-2】のとおり例示しています（留意事項第2）。

【図表5-2　取得する情報の例】

(1)　産業医、保健師、衛生管理者その他の従業員の健康管理に関する業務に従事する者（産業保健業務従事者）が従業員の健康管理等を通じて得た情報
(2)　労安衛法65条の2第1項の規定に基づき、使用者が作業環境測定の結果の評価に基づいて、従業員の健康を保持するため必要があると認めたときに実施した健康診断の結果
(3)　労安衛法66条1項から4項までの規定に基づき使用者が実施した健康診断の結果並びに同条5項及び66条の2の規定に基づき従業員から提出された健康診断の結果
(4)　労安衛法66条の4の規定に基づき使用者が医師又は歯科医師から聴取した意見及び66条の5第1項の規定に基づき使用者が講じた健康診断実施後の措置の内容
(5)　労安衛法66条の7の規定に基づき使用者が実施した保健指導の内容
(6)　労安衛法66条の8第1項の規定に基づき使用者が実施した面接指導の結果及び同

---

11)　「事業場における労働者の健康情報等の取扱規程を策定するための手引き」（https://www.mhlw.go.jp/content/000497426.pdf）2頁。

　条2項の規定に基づき従業員から提出された面接指導の結果

(7)　労安衛法66条の8第4項の規定に基づき使用者が医師から聴取した意見及び同条5項の規定に基づき使用者が講じた面接指導実施後の措置の内容

(8)　労安衛法66条の9の規定に基づき使用者が実施した面接指導又は面接指導に準ずる措置の結果

(9)　労安衛法66条の10第1項の規定に基づき使用者が実施した心理的な負担の程度を把握するための検査（ストレスチェック）の結果

(10)　労安衛法66条の10第3項の規定に基づき使用者が実施した面接指導の結果

(11)　労安衛法66条の10第5項の規定に基づき使用者が医師から聴取した意見及び同条6項の規定に基づき使用者が講じた面接指導実施後の措置の内容

(12)　労安衛法69条1項の規定に基づく健康保持増進措置を通じて使用者が取得した健康測定の結果、健康指導の内容等

(13)　労災保険法27条の規定に基づき、従業員から提出された二次健康診断の結果

(14)　健康保険組合等が実施した健康診断等の事業を通じて使用者が取得した情報

(15)　受診記録、診断名等の療養の給付に関する情報

(16)　使用者が医療機関から取得した診断書等の診療に関する情報

(17)　従業員から欠勤の際に提出された疾病に関する情報

(18)　(1)から(17)までに掲げるもののほか、任意に従業員等から提供された本人の病歴、健康診断の結果、その他の健康に関する情報

(2)　使用者による取得の必要性

(A)　労安衛法等による取得義務

　上記のとおり、労安衛法の規定によって、使用者は、例えば健康診断情報等の取得義務を負います。近時では、心理的な負荷の程度を把握するための検査（ストレスチェック）制度が重視されるようになり（労安衛法66条の10）、このようなストレスチェックの結果等の情報についても取得しなければなりません。

(B)　安全配慮義務履行のための取得

　上記のとおり、使用者は、従業員の健康情報を含む情報を元に安全配慮義務を履行する必要があります。もっとも、安全配慮義務を履行するために健康情報を利活用しようにも、従業員本人からの申告がない場合はどうすればよいのでしょうか。例えばメンタルヘルスに関する情報については、外見上わかりに

くく、その性質上本人からの積極的申告が期待しにくいため、適時の取得は必ずしも容易ではありません。

　ここで、業務により精神疾患が発生した事案において、従業員がメンタルヘルス情報を使用者に申告しなかったことを過失相殺の要素として従業員に不利に援用できるかが問題となった事案があります（東芝（うつ病・解雇）事件・最2小判平成26年3月24日労判1094号22頁）。最高裁は、（従業員が使用者に申告しなかった）メンタルヘルスに関する情報は、従業員にとって、自己のプライバシーに属する情報であり、通常は職場において知られることなく就労を継続しようとすることが想定される性質の情報であったといえるところ、使用者は、必ずしも従業員からの申告がなくても、その健康に関わる労働環境等に十分な注意を払うべき安全配慮義務を負っており、従業員にとって過重な業務が続くなかでその体調の悪化が看取される場合には、従業員本人からの積極的な申告が期待し難いことを前提とした上で、必要に応じてその業務を軽減するなど従業員の心身の健康への配慮に努める必要があるとして、過失相殺を認めませんでした。

　これは具体的事案に基づく判断ですが、要するに、従業員からの申告がなくても、使用者は健康に関わる労働環境等に十分な注意を払うべき義務を負っているとされており、これを前提に情報管理を行う必要があります。その際は業務効率が落ちる、顔色が悪い、その他の体調変化があることが重要であり、単なる可能性レベルであっても安易な素人判断をせず、産業医の医学的判断を仰ぐというフローに乗せることが重要です。[12]

（3）取得に際しての対応

（A）取扱規程の制定

　留意事項では、まず基本的な考え方として、健康情報の取扱いに配慮が必要なことを確認した上で（留意事項第3・1（1））、【図表5-3】の重要事項を事業場内の規程等として定め、これを従業員に周知するとともに、関係者に当該規

---

12)　HRテクノロジー（2022）272頁〔倉重公太朗〕。

程に従って取り扱わせることが望ましいとされていました（留意事項第 3・8 (1)）。

【図表 5-3　事業場内での健康情報取得規程に盛り込むべき事項】

(a)　健康情報の利用目的及び利用方法に関すること
(b)　健康情報に係る安全管理体制に関すること
(c)　健康情報を取り扱う者及びその権限並びに取り扱う健康情報の範囲に関すること
(d)　健康情報の開示、訂正、追加又は削除の方法（廃棄に関するものを含む）に関すること
(e)　健康情報の取扱いに関する苦情の処理に関すること

　その後の指針では、【図表 5-4】の示す 9 項目を含む取扱規程を制定するべきことを定めており、留意事項と比べて内容が拡充されました（指針 2 (3)）。

【図表 5-4　指針が定める心身の状態の情報取扱規程に盛り込むべき事項】

①　心身の状態の情報を取り扱う目的及び取扱方法
②　心身の状態の情報を取り扱う者及びその権限並びに取り扱う心身の状態の情報の範囲
③　心身の状態の情報を取り扱う目的等の通知方法及び本人同意の取得方法
④　心身の状態の情報の適正管理の方法
⑤　心身の状態の情報の開示、訂正等（追加及び削除を含む。以下同じ。）及び使用停止等（消去及び第三者への提供の停止を含む。以下同じ。）の方法
⑥　心身の状態の情報の第三者提供の方法
⑦　事業承継、組織変更に伴う心身の状態の情報の引継ぎに関する事項
⑧　心身の状態の情報の取扱いに関する苦情の処理
⑨　取扱規程の労働者への周知の方法

　現時点で、いまだに取扱規程を制定していない使用者は、速やかにこれを制定する必要があります。また、上記のとおり、留意事項制定後に指針が制定され、しかも、指針の内容は少なくとも取扱規程に関する限り、留意事項よりも

詳細ですから、留意事項に基づき取扱規程を策定した使用者は、取扱規程が指針に従ったものとなるよう、アップデートすることが必要です。なお、厚生労働省は、「事業場における労働者の健康情報等の取扱規程を策定するための手引き」[13]（2019年3月）（以下、「手引き」といいます）を公表しており、その30頁以下には雛形もありますので、これが実務上参考になります。

（B）利用目的

利用目的については、個人情報保護法における利用目的規制（個情法17～21条）に加え、一定の追加的規制が入っている事に留意が必要です。

前記のとおり、事業者が心身の状態の情報を取り扱う目的は、労働者の健康確保措置の実施や事業者が負う民事上の安全配慮義務の履行のためです（指針2（1）参照）。ここで、個人情報保護法の原則からすれば、従業員の健康情報について何らかの（違法ではなく公序良俗にも反しない）利用目的さえ定めれば、そのような任意の目的で利用することができるということにもなりえますが、上記のような健康情報の重要性に鑑みますと、例えば、従業員の健康情報を医療関係のマーケティング会社に売り払う等の行為は、仮に使用者がそのような利用目的を定めていたとしても、原則として、そのような利用形態を認めるべきではありません。そのような観点から、留意事項が、使用者は従業員の健康確保に必要な範囲を超えてこれらの健康情報を取り扱ってはならないとしていることに留意が必要です（留意事項第3・1（2））。つまり、健康情報の利用目的規制を個人情報保護法17条及び18条よりも厳格化しており、健康確保との関連性がない場合には、健康情報は利用できないということです。[14]

また、自傷他害のおそれがあるなど、生命、身体又は財産の保護のために必要がある場合等を除き、本人に利用目的を明示しなければなりません（個情法

---

13) https://www.mhlw.go.jp/content/000497426.pdf。なお、本稿とは直接関係ない部分（健康診断結果の提供に関する部分）が、2022年3月31日に改訂されています。

14) なお、指針2(1)の「労働者の個人情報を保護する観点から、現行制度においては、事業者が心身の状態の情報を取り扱えるのは、労働安全衛生法令及びその他の法令に基づく場合や本人が同意している場合のほか、労働者の生命、身体の保護のために必要がある場合であって、本人の同意を得ることが困難であるとき等とされているので、上記の目的に即して、適正に取り扱われる必要がある。」も参照。

21 条。留意事項第 3・2（2））。

　なお、看護師が別の病院で HIV 陽性と診断された情報について、当人の勤務する病院の医師、職員らが、当該看護師の同意なく病院の他の職員に伝達したこと等が目的外利用等として不法行為とされた事案として社会医療法人天神会事件（福岡高判平成 27 年 1 月 29 日判時 2251 号 57 頁）があります。[15]

（C）同意に関する問題

　健康情報が要配慮個人情報とされていることの帰結として、取得には原則として事前の本人による同意が必要です（個情法 20 条 2 項）。ここで、「本人の同意」とは、本人の個人情報が、個人情報取扱事業者によって示された取扱方法で取り扱われることを承諾する旨の当該本人の意思表示をいい、事業の性質及び個人情報の取扱状況に応じ、本人が同意に係る判断を行うために必要と考えられる合理的かつ適切な方法によらなければなりません（ガイドライン通則編 2 −16）。そして、手引きは、「本人同意の取得方法も含めた健康情報等の取扱いを就業規則に規定し、労働者に周知することは、一つの有効な手段であり、その際の手順としては以下が考えられます」として、以下の方法が挙げられています（手引き 2（3）②）。

【図表 5-5　健康情報等の取扱いを就業規則に規定する際の従業員への周知手順】

①　就業規則を新たに作成又は変更し、健康情報等の取扱いに関する規程を追加する際には、労使で十分に話し合い、当該健康情報等の取得方法、利用目的等の合理性を確認する。
②　就業規則を作成又は変更した後、その内容を全労働者に認識される合理的かつ適切な方法により周知する。
③　周知後、個々の労働者からの求めに応じて、就業規則の作成又は変更の趣旨や内容等について、丁寧に説明をする。
④　上記の手順により健康情報等の取扱いに関する規程を就業規則に盛り込み、労働者に周知している場合には、労働者本人が当該健康情報等を本人の意思に基づき提出したことをもって、当該健康情報等の取扱いに関する労働者本人からの同意の意思が示

15）　社会福祉法人北海道社会事業協会事件・札幌地判令和 1 年 9 月 17 日労判 1214 号 18 頁も参照。

されたと解されます。

　なお、「心理的な負担の程度を把握するための検査及び面接指導の実施並びに面接指導結果に基づき事業者が講ずべき措置に関する指針」（ストレスチェック指針）11（3）アが、ストレスチェック結果が当該労働者に知らされていない時点でストレスチェック結果の事業者への提供についての労働者の同意を取得することは不適当であるため、事業者は、ストレスチェックの実施前又は実施時に労働者の同意を取得してはならない、とするように個別の情報の内容・性質に応じてなすべきことが変わる可能性があることに留意が必要です。

　もっとも、個人情報保護法20条2項各号で例外を定めているところ、このうち、実務上特に1号の「法令に基づく場合」が重要です。例えば、個人情報取扱事業者が労働安全衛生法に基づき健康診断を実施し、これにより従業員の身体状況、病状、治療等の情報を健康診断実施機関から取得するのは、この「法令に基づく場合」であって、本人同意を得る必要はありません（ガイドライン通則編3-3-2（1）。なお、留意事項第2注（a）も同旨。）。

　【図表5-2】の例示の多くにおいて、法令が言及されているように、実務上は法令によるものとして同意書等の取得の必要がない場合も多いといえますが、以下の2点に留意が必要でしょう。

　まず、法令上、同意が不要だからといって、直ちに従業員への説明が不要ということではないということです。指針が「労働者本人の同意を得なくても収集することのできる心身の状態の情報であっても、取り扱う目的及び取扱方法等について、労働者に周知した上で収集することが必要である」（指針2（6））とするように、適切な説明が必要です。[16]

　次に、このような法令の規定により行われる一連の取得過程と異なり、個別の事情により発生する取得については、個別に同意が必要かどうかを調べておくべきであり、社内で自信を持って判断できなければ専門家に確認するべきです。

（D）不利益取扱いの禁止

　このような健康情報のセンシティブ性に鑑み、指針では、心身の状態に関する情報の取得について、同意をしないことに対する不利益取扱い等をすることを強く戒めています。要するに、同意をしないなら、何らかの不利益を課すとして、事実上同意を強制してはならないとします。具体的には、事業者は、心身の状態の情報の取扱いに労働者が同意しないことを理由として、又は労働者の健康確保措置及び民事上の安全配慮義務の履行に必要な範囲を超えて、当該労働者に対して不利益な取扱いを行うことはあってはならないという原則を示した上で（指針2（8）参照）、【図表5-6】に該当する事例を原則として不合理であるとしています。[17]

【図表5-6　不利益取扱いの例】

> 1　心身の状態の情報に基づく就業上の措置の実施に当たり、例えば、健康診断後に医師の意見を聴取する等の労働安全衛生法令上求められる適切な手順に従わないなど、不利益な取扱いを行うこと。
> 2　心身の状態の情報に基づく就業上の措置の実施に当たり、当該措置の内容・程度が聴取した医師の意見と著しく異なる等、医師の意見を勘案し必要と認められる範囲内となっていないもの又は労働者の実情が考慮されていないもの等の労働安全衛生法令上求められる要件を満たさない内容の不利益な取扱いを行うこと。
> 3　心身の状態の情報の取扱いに労働者が同意しないことや心身の状態の情報の内容を理由として、以下の措置を行うこと。

---

16)　後記【図表5-6】に即していえば、①及び②に分類される、労働安全衛生法令において労働者本人の同意を得なくても収集することのできる心身の状態の情報であっても、取り扱う目的及び取扱方法等について、労働者に周知した上で収集することが必要です。また、2に分類される心身の状態の情報を事業者等が収集する際には、取り扱う目的及び取扱方法等について労働者の十分な理解を得ることが望ましく、取扱規程に定めた上で、例えば、健康診断の事業者等からの受診案内等に予め記載する等の方法により労働者に通知することが考えられます。さらに、3に分類される心身の状態の情報を事業者等が収集する際には、個人情報保護法20条2項に基づき、労働者本人の同意を得なければなりません（指針2(6)）。

17)　不利益な取扱いの理由が以下に掲げるもの以外のものであったとしても、実質的に以下に掲げるものに該当する場合には、当該不利益な取扱いについても、行ってはならないともされています。

（A）解雇すること。
（B）期間を定めて雇用される者について契約の更新をしないこと。
（C）退職勧奨を行うこと。
（D）不当な動機・目的をもってなされたと判断されるような配置転換又は職位（役職）の変更を命じること。
（E）その他労働契約法等の労働関係法令に違反する措置を講じること。

これらは、不利益取扱いを背景として実質的な同意の強制をするような行為を強く戒めるものであり、実務上重要といえます。

（E）同意なき検査等

上記のとおり、健康情報の取得に対しては厳しい規制がなされていますが、実務上、特に採用選考時に本人の同意なく検査をしてトラブルになる事案がみられます。健康診断の必要性を慎重に検討することなく、採用選考時に健康診断を実施することは、応募者の適格性と適性・能力を判断する上で必要のない事項を把握する可能性があり、結果として就職差別につながるおそれがあることが指摘されています。[18]

とはいえ、使用者として安全配慮義務履行の前提として健康診断を行うことの必要性が認められる場合において、本人の同意のもと採用前に健康診断を行うことは可能ですし、採用後に行う雇入れ時の健康診断は義務です（労安衛則43条）。

その上で、いわゆる受診命令の問題として、仮に従業員本人が同意していなくても、健康情報の提供を命じたり、受診を命じなければならない場合があり

18）　エイズについては、職場におけるエイズ問題に関するガイドラインが作られ、使用者による応募者に対するエイズ検査の実施を戒め、例外的に本人の意思に基づいて受診する場合の秘密保持の徹底等を説いています。留意事項においても、HIV感染症やB型肝炎等の職場において感染したり蔓延したりする可能性が低い感染症に関する情報や、色覚検査等の遺伝性疾病に関する情報については、職業上の特別な必要性がある場合を除き、取得すべきでありません。もっとも、従業員の求めに応じて、これらの疾病等の治療等のため就業上の配慮を行う必要がある場合については、当該就業上の配慮に必要な情報に限って従業員から取得することは考えられるとされています（留意事項第3・8（3））。

ます。

　例えば、法定健診を受診しない教員に対し、児童・生徒への影響等を踏まえ、教職員に対し学校が業務命令として受診を命じうるとした事案もあります（愛知県教育委員会事件・最 1 小判平成 13 年 4 月 26 日労判 804 号 15 頁）。また、法定外の検査についても、就業規則及び労働協約の規定に基づき使用者指定の病院における精密検査を命じたところ、最高裁は、それが合理的で相当なものであれば従業員において受診を拒否できないとされました（電電公社帯広局事件・最 1 小判昭和 61 年 3 月 13 日労判 470 号 6 頁）。もっとも、実務上、受診命令を出すのはあくまでも最後の手段であって、受診をしようとしない従業員に対しては、まずは任意の受診に向けて説得し、その受診しない理由に応じて必要な説明をする等、不安を取り除く努力をすべきでしょう。

3　管理・利活用・提供・加工

(1)　健康情報の管理・利活用が必要であること

　健康情報に関する情報管理上の最大の注意点は、安全配慮義務の履行として、一定の健康情報を利活用しなければならないということです。上記の労契法 5 条に加え、労安衛法 65 条の 3 は「事業者は、労働者の健康に配慮して、労働者の従事する作業を適切に管理するように努めなければならない」として、健康への配慮を使用者の努力義務とします。判例上も、過重労働によって従業員が精神障害を発症した事案に際して、使用者が従業員の業務量の適切な調整等を行う義務を負うとしています（電通事件・最 2 小判平成 12 年 3 月 24 日民集 54 巻 3 号 1155 頁）。この事案では、上司は、従業員の残業時間の申告が実情より相当に少ないものであり、従業員が業務遂行のために徹夜まですることもある状態にあることを認識しており、その健康状態が悪化していることに気付いていたにもかかわらず、適切な対応をとらず、従業員のうつ病による自殺を招いてしまいました。最高裁は、このような経過を踏まえ、従業員の業務の遂行とそのうつ病り患による自殺との間には相当因果関係があるとした上、上司には、従業員が恒常的に著しく長時間にわたり業務に従事していること及びその健康

状態が悪化していることを認識しながら、その負担を軽減させるための措置を
とらなかったことにつき過失があるとした原審の判断を是認しました。

　つまり、使用者は、従業員の労働時間に関する情報や健康状態に関する情報
を有しているのであれば、それを利活用し、例えば、過重労働等が従業員の健
康に悪影響を与えないよう、適切に配慮しなければなりません。なお、健康情
報の特性から、従業員の方から積極的に申告をしてこない場合でも、使用者と
して一定の対応が必要となる可能性があることについては前掲東芝（うつ病・
解雇）事件のとおりです。

(2) 厳重な安全管理

　このように、使用者にとって、労働者の健康情報利活用が必須であっても、
健康情報はセンシティブであり、労働者にとっては慎重な取扱いを強く求めた
いところですので、厳重な安全管理が必要です。

(A) ガイドライン通則編の求める安全管理

　すべての個人データに対して安全管理措置を講じる必要がある（個情法23
条）ところ、すべての情報について一律の安全管理をすべきとは必ずしも考え
られていません。すなわち、安全管理の水準については「個人データが漏えい
等をした場合に本人が被る権利利益の侵害の大きさを考慮し、事業の規模及び
性質、個人データの取扱状況（取り扱う個人データの性質及び量を含む。）、個人
データを記録した媒体の性質等に起因するリスクに応じて、必要かつ適切な内
容とすべき」とされています（ガイドライン通則編10頁）。要するに、情報の性
質がどのようなものであるかという点もまた、使用者としてなすべき安全管理
の水準に影響を及ぼします。つまり、個人情報保護法及びガイドライン通則編
は、健康情報のセンシティブ性を考慮した安全管理水準とすべきことを想定し
ているのです。

(B) 留意事項の求める安全管理

　健康情報のうち診断名、検査値、具体的な愁訴の内容等の加工前の情報や詳

細な医学的情報の取扱いについては、その利用にあたって医学的知識に墓づく加工・判断等を要することがあることから、産業保健業務従事者に行わせることが望ましく（留意事項第3・3（1））、産業保健業務従事者から産業保健業務従事者以外の者に健康情報を提供させるときは、必要に応じて適切な加工等の措置を講ずるべきとされています（留意事項第3・3（2））。

　センシティブであり、かつ専門知識がなければ正確に判断ができないという健康情報の特性を踏まえ、産業保健業務従事者が生データを取り扱い、同じ社内でも産業保健業務従事者以外に提供する場合には、例えば疾病名を削除したり、抽象化する等の措置を講じたりすべきであるとしているのです。

　なお、安全管理の一環としての委託先管理（個情法25条）につき、委託に伴い、健康情報が提供される場合には、当該委託先において情報管理が適切に行われる体制が整備されているかについて、予め確認しなければならないとされています（留意事項第3・4）。

（C）指針による明確化・具体化

指針は、心身の状態に関する情報の適正管理のため、

　1　心身の状態の情報を必要な範囲において正確・最新に保つための措置
　2　心身の状態の情報の漏えい、減失、改ざん等の防止のための措置（心身の状態の情報の取扱いに係る組織的体制の整備、正当な権限を有しない者からのアクセス防止のための措置等）
　3　保管の必要がなくなった心身の状態の情報の適切な消去等

という三つの措置を講じるべきとします（指針3（1））。
　また指針は、健康情報を【図表5-7】の3類型に整理し、それぞれについて、安全管理措置を含む取扱い方法に関する規制を定めました。

【図表 5-7　指針による健康情報 3 類型】

心身の状態の情報の分類	左欄の分類に該当する心身の状態の情報の例	心身の状態の情報の取扱いの原則
①　労働安全衛生法令に基づき事業者が直接取り扱うこととされており、労働安全衛生法令に定める義務を履行するために、事業者が必ず取り扱わなければならない心身の状態の情報	（A）健康診断の受診・未受診の情報 （B）長時間労働者による面接指導の申出の有無 （C）ストレスチェックの結果、高ストレスと判定された者による面接指導の申出の有無 （D）健康診断の事後措置について医師から聴取した意見 （E）長時間労働者に対する面接指導の事後措置について医師から聴取した意見 （F）ストレスチェックの結果、高ストレスと判定された者に対する面接指導の事後措置について医師から聴取した意見	全ての情報をその取扱いの目的の達成に必要な範囲を踏まえて、事業者等が取り扱う必要がある。 　ただし、それらに付随する健康診断の結果等の心身の状態の情報については、②の取扱いの原則に従って取り扱う必要がある。
②　労働安全衛生法令に基づき事業者が労働者本人の同意を得ずに収集することが可能であるが、事業場ごとの取扱規程により事業者等の内部における適正な取扱いを定めて運用することが適当である心身の状態の情報	（A）健康診断の結果（法定の項目） （B）健康診断の再検査の結果（法定の項目と同一のものに限る。） （C）長時間労働者に対する面接指導の結果 （D）ストレスチェックの結果、高ストレスと判定された者に対する面接指導の結果	事業者等は、当該情報の取扱いの目的の達成に必要な範囲を踏まえて、取り扱うことが適切である。そのため、事業場の状況に応じて、 ・情報を取り扱う者を制限する ・情報を加工する 等、事業者等の内部における適切な取扱いを取扱規程に定め、また、当該取扱いの目的及び方法等について労働者が十分に認識できるよう、丁寧

		な説明を行う等の当該取扱いに対する労働者の納得性を高める措置を講じた上で、取扱規程を運用する必要がある。
③　労働安全衛生法令において事業者が直接取り扱うことについて規定されていないため、あらかじめ労働者本人の同意を得ることが必要であり、事業場ごとの取扱規程により事業者等の内部における適正な取扱いを定めて運用することが必要である心身の状態の情報	(A)　健康診断の結果（法定外項目） (B)　保健指導の結果 (C)　健康診断の再検査の結果（法定の項目と同一のものを除く。） (D)　健康診断の精密検査の結果 (E)　健康相談の結果 (F)　がん検診の結果 (G)　職場復帰のための面接指導の結果 (H)　治療と仕事の両立支援等のための医師の意見書 (i)　通院状況等疾病管理のための情報	個人情報の保護に関する法律に基づく適切な取扱いを確保するため、事業場ごとの取扱規程に則った対応を講じる必要がある。

（出典）指針 2（9）

(3)　第三者提供

　実務上、法令が第三者提供を求めていることがありますが、この場合には、

【図表 5-8　本人の同意なく健康情報を外部機関等へ提供できる場合】

・健康診断（労安衛法 66 条 1～4 項）の規定及び面接指導（同 66 条の 8 第 1 項）の規定に基づく面接指導にあたって、外部機関に健康診断又は面接指導の実施を外部機関等に委託する場合に、使用者が、健康診断又は面接指導の実施に必要な従業員の個人情報を外部機関に提供する行為（留意事項第 3・5（2））
・健康診断、面接指導の結果の記録、意見聴取等（労安衛法 66 条の 3、66 条の 4、66 条

の8第3項・4項）及び本人への健康診断結果の通知（同66条の6）の義務の履行のため、使用者が外部機関にこれらの健康診断又は面接指導を委託するために必要な従業員の個人情報を外部機関に提供し、また、外部機関が委託元である使用者に対して従業員の健康診断又は面接指導の結果を報告（提供）する行為（留意事項第3・5 (2)）
・ストレスチェックの実施にあたって、外部機関にその実施を委託する場合において実施に必要な従業員の個人情報を外部機関に提供する行為（留意事項第3・5 (3)）
・面接指導（労安衛法66条の8第1項、又は66条の10第3項）の規定に基づく面接指導を委託するために必要な従業員の個人情報を外部機関に提供し、また、外部機関が委託元である使用者に対して従業員の面接指導の結果を提供する行為（留意事項第3・5 (3)）
・派遣先使用者が、労働者派遣法に基づき派遣元使用者にこれらの健康診断の結果及び医師の意見を記載した書面を提供する行為（留意事項第3・5 (4)）
・医療保険者からの提供の求めがあった場合に「特定健康診査及び特定保健指導の実施に関する基準」（平成19年厚生労働省令第157号）第2条に定める項目に係る記録の写しについて医療保険者からの提供の求めがあった場合に使用者が当該記録の写しを提供する行為（留意事項第3・5 (6)）

　個人情報保護法27条1項1号に基づき本人の同意なく外部機関等への健康情報等の提供（及び外部機関から使用者への結果等情報の提供）が可能です。具体的には【図表5-8】のような場合が挙げられます。
　また、共同利用（個情法27条5項3号）スキームも考えられます（留意事項第2 (b)）。健康保険組合等に対して従業員の健康情報の提供を求める場合であっても、使用者が健康保険組合等と共同で健康診断を実施する場合等においては当該従業員の同意を得る必要はありません（留意事項第3・5 (5)）。

4　健康管理をめぐる AI・HR テクノロジーの実務的課題

(1)　法規制としてのプライバシー法

　HR テクノロジー、とりわけ健康情報に関する HR テクノロジーの文脈においては、「法規制が存在しない」という議論がされることがあります。EU であれば GRPR 等が存在することから、例えば、プロファイリングや自動的意思決定に関する GRPR に定める対応を実施することは法律上強制されている

といえます。これに対し、少なくとも現在の個人情報保護法という「法律」の文言上は、そのような明示的なプロファイリング規制が存在しないことは事実です。そこで、いわば「法規制不存在論」として、法規制がないので各企業の倫理に委ねられるという論調の議論もみられます。しかし、そのような議論は実務において、どこまで通用するのでしょうか。

　確かに、個人情報保護法や労基法等の労働法がこれらの情報を特に取り上げた明確な規定を設けていない場合が多いという限りでは、「法規制不存在論」もあながち間違いではないかもしれません。しかし、使用者と従業員との間では、民事上のプライバシー法がこれを規律しています。つまり、プライバシー法違反の行為は民法上の不法行為（民法 709 条）となりますし、使用者のプライバシー侵害行為が労働契約上の債務不履行となったり、プライバシーを侵害する使用者の業務命令が人事権等の濫用として違法・無効とされることもありうることに留意が必要です。

　AI や HR テクノロジーによって健康情報を処理・分析する場合、このようなプライバシー法が重要な役割を果たします。要配慮個人情報の推知については次の（2）で詳論しますが、例えばストレス要因（それ自体は健康情報ではないことを前提とします。）に関するデータをもとに、従業員がうつ病にかかっていることを高確率で推知できる AI システムによる処理を何ら本人同意なく実施すると、仮にそれが要配慮個人情報の「取得」ではなくても、プライバシー侵害の不法行為等が成立しうるといえます。その意味では、HR テクノロジーに対する法規制は決して「不存在」なのではなく、プライバシー法に服すると理解すべきでしょう。

　なお、2022 年 4 月施行の個人情報保護法改正（いわゆる令和 2 年改正）に伴うガイドライン通則編改正の際、3-1-1＊1 でプロファイリングについて利用目的として明示すべき義務が規定されています。[19)]

（2）　健康に関する人事データの実務活用――人事データ利活用原則を踏まえて

（A）　基本的視点

　今後は、健康情報及び従来の健康情報の定義には入っていないけれども健康

に関係する——例えばストレス要因に関する——情報を AI で処理したり、HR テクノロジーで活用したりすることで、これらを人事労務において幅広く活用することがますます増えていくことが想定されます。

　健康情報やそれに関連する情報、例えばスマートグラスを利用して取得した、ある従業員の集中力が低下しているとか、脈拍の変化等の情報を、単なる当該従業員の健康のためだけではなく、能率や生産性アップ、人員配置や人事考課等に利用するといったことも技術的には考えられます。また、近時では、会話の録音データをソフトウェアに読み込ませると高確率でうつ病を推知できるという研究がなされたり、「メンタルヘルスをあぶり出す」ことを売りにする適性検査等のサービスも実際に提供されています。近時では ChatGPT が注目を[20]集めているところ、このようなチャット形式で会話をする中で医師の問診のような効果を得ることも期待されますが、それはまさより効率的かつ高精度で従業員の健康状態を把握したりその把握のために必要な基礎データを取得することができるということを意味します。

　前述のとおり、使用者には、健康情報の取扱範囲に制限があるものの（個情

---

19)　「利用目的の特定」の趣旨は、個人情報を取り扱う者が、個人情報がどのような事業の用に供され、どのような目的で利用されるかについて明確な認識を持ち、できるだけ具体的に明確にすることにより、個人情報が取り扱われる範囲を確定するとともに、本人の予測を可能とすることにあります。

　　本人が、自らの個人情報がどのように取り扱われることとなるか、利用目的から合理的に予測・想定できないような場合は、この趣旨に沿ってできる限り利用目的を特定したことにはなりません。

　　例えば、本人から得た情報から、本人に関する行動・関心等の情報を分析する場合、個人情報取扱事業者は、どのような取扱いが行われているかを本人が予測・想定できる程度に利用目的を特定しなければなりません。

　【本人から得た情報から、行動・関心等の情報を分析する場合に具体的に利用目的を特定している事例】

　事例1)「取得した閲覧履歴や購買履歴等の情報を分析して、趣味・嗜好に応じた新商品・サービスに関する広告のために利用いたします。」

　事例2)「取得した行動履歴等の情報を分析し、信用スコアを算出した上で、当該スコアを第三者へ提供いたします。」

20)　松尾剛行『ChatGPT と法律実務』（弘文堂、2023 年）及び田中浩行他『ChatGPT の法律』（中央経済、2023 年）〔特に松尾剛行執筆部分〕等を参照。

法 18 条、留意事項第 3・1（2））、まさに本来取り扱うことが予定されていた目的の範囲で、その取扱いをより高度化ないし効率化するためにテクノロジーを利用するというだけであれば、単に AI・HR テクノロジーを利用したというだけで、直ちに違法とはなりません。例えば、これまで行っていた、従業員の健康に対する配慮を、個別の担当者の経験と勘のみに頼るのではなく、AI・HR テクノロジーを利用することでより高度化するというのは、望ましい方向性です。もっとも、具体的な AI・HR テクノロジーの内容を踏まえ、その人事労務管理と健康確保との関連性の度合いについて留意することが必要であって、例えば AI や HR テクノロジーによる健康情報の処理が、能率向上や生産性向上のみを目的としている場合、健康確保との関係性が薄いといわざるをえず、場合によっては、労働者の健康確保に必要な範囲を超えた取扱いといわざるをえないこともあるでしょう。

　そして前項のとおり、純粋な健康情報だけではなく、例えば AI で処理をして抽出した健康状態を推知する情報についても、プライバシー法の観点から同様の対応を余儀なくされる可能性があります。

　加えて、本人の同意を得て健康情報を AI 等で処理する場合、AI による処理の結果がその同意の際に想定したものを大きく上回る可能性があることから、その際の説明は、通常よりも丁寧に行うべきでしょう。

（B）推知情報——AI や HR テクノロジーを利用してメンタルヘルス情報を推知することを例にとって

　推知情報の取扱いに関する具体的な問題として、AI や HR テクノロジーを利用してメンタルヘルス情報を推知することを例にとって検討しましょう。例えば、適性検査を利用したり、会話データ等を利用する等、元データは様々ですが、そのような従業員のデータをソフトウェアで処理することで、当該従業員がメンタルヘルスの問題を抱えている可能性がどの程度あるか、また、その重篤性はどの程度か、さらにそのメンタルヘルスというのが具体的には鬱傾向なのか、統合失調傾向なのか等を分析し、使用者として従業員に対する適切な配慮をしたいというプロジェクトを考えてみます。

　前述のとおり、法定された場合を除き本人の人種、信条、社会的身分等の

「要配慮個人情報」を本人の同意なくして取得してはならないとされています（個情法 20 条 2 項）。ここでソフトウェアが例えば「従業員 A のメンタルヘルスリスクは（0-1 までの間の数字のうちの）0.9 であり、鬱傾向 0.8、統合失調傾向 0.2 である」という分析を導き出した場合、これは要配慮個人情報でしょうか。「従業員 A がうつ病であると確定診断された」という情報であれば、間違いなく要配慮個人情報であるものの、これと異なり、推知情報は学説や実務上は「要配慮個人情報」ではないという見解が有力です。

　しかし、そのソフトウェアの精度が極めて高く、医師の診断と同程度の精度であったとすれば、当該情報は推知情報といっても、極めてセンシティブ性が高い情報であることは間違いありません。単にソフトウェアによる推測であるというだけで、センシティブ性が高い情報を自由に作り出してよいということにはならないでしょう。

　法的にいえば、プライバシーの観点から、本人同意なくそのような精度の高い推知情報を作成すること自体がプライバシー侵害とされる可能性があります。

　そして、AI や HR テクノロジーの社会的受容を進めるという観点から、人事データ利活用原則は、少なくともピープル・アナリティクス及び HR テクノロジーの分野においては、要配慮個人情報保護の取得に準じた措置を講じるべきとしています（人事データ利活用原則（巻末資料参照）のうち適正取得原則参照）。これは、法的拘束力はないものの、ベストプラクティスとして十分に尊重すべきです。

　よって、従業員に対して十分に説明をして、同意を取ることが重要と思われます。具体的には、従業員が「そんなことまでわかるの!?」という形で、驚きを持って受け止める状況を避ける（「ノーサプライズの原則」）という観点から、仮に説明書をよく読めばその旨が小さい文字で書いていたとしても、それをもって免罪符とするのではなく、「このような特殊な適性検査をやりますよ。会社として従業員に対するよりよい配慮をするためのものです。それを理解して受けたい方は受けてください。」などと、正面から説明して、会社による配慮を期待して受けたい従業員についてのみ受けてもらうという方法が望ましいといえます（人事データ利活用原則のうちアカウンタビリティ原則も参照[21]）。

(3)　安全配慮義務の問題

　使用者は、その有する従業員の労働時間に関する情報や健康状態に関する情報を利活用し、例えば過重労働等が従業員の健康に悪影響を与えないように配慮しなければなりません。

　従業員の幅広いデータを取得してこれを AI・HR テクノロジーによって処理・分析する結果として、これまでは取得できなかった従業員の健康に関する情報を推知可能となります。場合によっては、病気休職しやすい従業員のモデルと比較することで、例えば「半年以内に病気休職をする確率が○ %」といった情報まで推知できてしまうかもしれません。このように HR テクノロジーによって使用者が従業員の健康情報をさらに多く取得することで、かえって使用者の安全配慮義務が拡大するのではないか、ともいわれています[22]。

　しかし、特にメンタルヘルスについては、本人の申告を待つだけではなく、そもそも本人が申告しない状況の下でも、使用者が一定の配慮義務を負うことは前述のとおりです。すなわち、使用者が労働時間や勤務態度等から健康への異常を疑った場合に、産業医との面談を求めたり、場合によっては受診命令等の具体的措置を講じることで、従業員の安全に配慮する義務を負うのは、AI・HR テクノロジーを利用するか否かに限らず、何も変わりません。むしろ、AI・HR テクノロジーを利用することで、上司個人の注意力等にかかわらず、早期発見ができることから、AI・HR テクノロジーによって疑いを持つシチュエーションが増えたのであれば、その度にこのような具体的な配慮措置を講じるべきでしょう。

21)　松尾剛行「HR テクノロジーを運用する場合の法的留意点」『日経 MOOK　まるわかり！ HR テクノロジー』（日本経済新聞出版社、2020 年）19 頁。

22)　コンディション変化発見ツールにつき、明らかな予兆があっても企業が何の対策も講じなければ予見可能性があったと主張されることがあると指摘する HR テクノロジー（2022）270 頁〔倉重公太朗〕参照。

コラム：個人情報保護関連法制——次世代医療基盤法、電気通信事業法等の個人情報保護法各論について

（1）はじめに

　本書で取り上げるように、個人情報の取扱いは個人情報保護法によって規律されています。

　もっとも、技術の発展に伴い取り扱われるパーソナルデータは非常に多様であり、個人情報保護法の規律のみでは対応しきれない場面が想定されます。そこで、個人情報保護委員会及び所管省庁は、個人情報保護法第 6 条及び 9 条に基づき、個人の権利利益を侵害する危険性が高くより厳格な規律を設ける必要がある個別分野として（注1）、金融、医療、情報通信分野についてガイドライン及びガイダンスを策定し、その取扱いについて規律しています（特定分野ガイドライン）。

金融関連分野 GL	医療関連分野 GD 等	情報通信関連分野 GL
・金融分野 GL ・信用分野 GL ・債権管理回収業分野 GL	・医療・介護関係事業者 GD ・健康保険組合等 GD ・国民健康保険組合 GD ・国民健康保険団体連合会等 GD ・経済産業分野のうち個人遺伝情報を用いた事業分野 GL	・電気通信事業 GL ・放送受信者等 GL ・郵便事業分野 GL ・信書便事業分野 GL

　そして、パーソナルデータに関して規律があるのは個人情報保護法だけではありません。例えば、職安法及び職安法指針には、求職者などの個人情報の取り扱いについて規律があります（詳細は第 2 章）。その他、以下にて、近時改正されている二つの法律を紹介します。

（2）医療分野の研究開発に資するための匿名加工医療情報に関する法律（次世代医療基盤法）

　患者の病歴などの医療情報は、個人情報保護法において要配慮個人情報として扱われ（個情法 2 条 3 項）、オプトアウト方式による第三者提供は認められません（個情法 27 条 2 項ただし書）。そして、現行の個人情報保護法上の例外規定を

用いて医療情報を利活用することも困難と考えられていました（注 2）。

　他方で、少子高齢化のなか、医療、健康情報のビッグデータを用いた製薬などの研究開発の促進が強く求められていました（注 3）。

　そこで次世代医療基盤法が制定され、医療情報はオプトアウト方式で認定事業者に提供可能となり、認定事業者による所定の匿名加工処理を経て、匿名加工医療情報として研究開発のために利活用できるようになりました。

　しかし、匿名加工処理では希少な症例のデータ提供に対応できないなど課題は残っています（注 4）。そのため、改正法が 2023 年 5 月 17 日に成立しました。そこでは、他の情報と照合しない限り、特定の個人を識別できないよう加工しつつ特異な値や希少疾患名等の削除等は不要とする「仮名加工医療情報」という概念が創設され、医療情報がより利活用しやすくなることが見込まれています。

(3) 電気通信事業法

　電気通信事業法は 2022 年に改正され、電気通信事業を営む者が、インターネット利用者の端末に外部送信を指示するプログラムを送る際は、予め送信される利用者に関する情報の内容等について、通知・公表等を行うことが義務付けられました（いわゆる外部送信規律）。

　近年、ウェブサイトの閲覧やアプリケーションの利用といった電気通信役務の利用の際に、利用者のスマートフォンやタブレットなどの端末に記録された情報が、タグや情報収集モジュールなどのプログラムにより、利用者の意思によらず、また利用者の認識しない状態で、第三者に送信される状況が生じていました。このような状況では、利用者が安心して利用できる電気通信役務が提供されず、ひいては電気通信の健全な発展に支障を及ぼしかねないため、外部送信規律が改正に盛り込まれることになりました（注 5）。

　本改正で規制対象となりうるものに Cookie があります。Cookie の ID とそれに紐づいた情報が個人情報若しくは個人関連情報と整理されるかはケースバイケースでしたが（注 6）、本改正により、電気通信事業を営む者で Cookie により利用者の情報を第三者に外部送信している事業者は、上記通知・公表等を行うための Cookie ポリシー作成等の改正対応が必要になる場合があります。そのため、この外部送信規律は Cookie 規制と呼ばれることがあります。

（注 1）園部逸夫他『個人情報保護法の解説（第 3 次改訂版）』（ぎょうせい、2022 年）
　　118 頁。

（注 2）宇賀克也『次世代医療基盤法の逐条解説』（有斐閣、2019 年）12 頁。

（注 3）次世代医療基盤法制定の経緯について前掲（注 2）1 頁以下。

（注 4）内閣府健康・医療戦略推進事務局「次世代医療基盤法の見直しについて」（令和 4 年 12 月 27 日）（https://www.kantei.go.jp/jp/singi/kenkouiryou/data_rikatsuyou/jisedai_iryokiban_wg/dai7/siryou1.pdf）。

（注 5）丸山和子「令和 4 年電気通信事業法改正により導入される『外部送信規律』の解説」NBL1240 号（2023 年）22〜23 頁。

（注 6）Cookie と個人情報保護法の関係については、第二東京弁護士会情報公開・個人情報保護委員会編『令和 2 年改正　個人情報保護法の実務対応―Q & A と事例―』（新日本法規、2021 年）54〜56 頁〔板倉陽一郎〕

確認問題

問題 1　労働者の健康情報はセンシティブなので、使用者はこれを取得してはならない。

解答　×

解説　使用者は労安衛法等の法令や安全配慮義務の履行のため、健康情報を取得しなければなりません。

問題 2　使用者が従業員に対して定期的に健康診断を受診させ、その結果を使用者が受領することは、従業員のプライバシーの侵害となるからしてはならない。

解答　×

解説　労安衛法 66 条は健康診断の実施義務及び受診義務を定めており、その結果として、使用者は従業員の健康診断結果を取得することになります。しかも、5 年間健康診断個人票を保管しなければなりません（労安衛法 66 条の 3・103 条、労安衛規則 51 条）。

問題 3　労安衛法は、「安全」すなわち従業員が就業に関連した異常な出来事（事故）によって身体又は健康を害される危険を除去し、「衛生」すなわち従業員が就業上接する物質や設備環境の常態を健康障害が生じるおそれがないものとする

ため、使用者に対して様々な義務を課している。

解答　○
解説　選択肢のとおりである。

問題 4　使用者は雇入れ前に求職者の健康診断を行う義務を負う。

解答　×
解説　雇入れ「前」ではなく雇入れ「時」（労安衛則 43 条）に健康診断を行う必要があります。なお、雇入れ前の健康診断の強制は不当な差別につながる可能性もあります。

問題 5　使用者が労安衛法に違反すると、従業員に対し直ちに損害賠償義務を負う。

解答　×
解説　民事上の関係（労働契約の内容や業務命令等）とも関係があるものの、労安衛法は、公法上の義務（事業者が行政法上行うべき事項）を定める規定です。

問題 6　最高裁は、安全配慮義務を「労働者が労務提供のため設置する場所、設備若しくは器具等を使用し又は使用者の指示のもとに労務を提供する過程において、労働者の生命及び身体等を危険から保護するよう配慮すべき義務」と定義した。

解答　○
解説　川義事件（最判昭和 59 年 4 月 10 日民集 38 巻 6 号 557 頁）が、このように判示しています。

問題 7　労契法 5 条は「労働者がその生命、身体等の安全を確保しつつ労働することができるよう、必要な配慮」を義務付けている。

解答　○
解説　選択肢のとおり。

問題 8　従業員が風邪をひいた程度の事実はセンシティブ性が低いので、要配慮個

人情報ではない。

解答　×
解説　風邪等の一般的かつ軽微な疾患についても病歴に含まれます。

問題 9　従業員のメンタルヘルスに関し、従業員にとって過重な業務が続くなかで
その体調の悪化が看取される場合には、従業員本人からの積極的な申告が期待し
難いことを前提とした上で、必要に応じてその業務を軽減するなど従業員の心身
の健康への配慮に努める必要がある。

解答　○
解説　東芝（うつ病・解雇）事件（最 2 小判平成 26 年 3 月 24 日労判 1094 号 22
頁）が、このように判示しています。

問題 10　従業員の健康確保との関係性がない利用目的でも、事前にこれを定め、
通知・公表等の措置を講じれば、会社は適法に健康情報を利用できる。

解答　×
解説　留意事項第 3・1（2）は使用者は従業員の健康確保に必要な範囲を超えて
これらの健康情報を取り扱ってはならないとします。

問題 11　使用者は、事業場における労働者の健康情報等の取扱規程を作成すべき
である。

解答　○
解説　「事業場における労働者の健康情報等の取扱規程を策定するための手引
き」等のとおり。

問題 12　業務命令として病院の受診を命じることはできないので、本人が受診を
拒んだらそれまでである。

解答　×
解説　最後の手段であり、できるだけ避けるべきだが、判例上、受診命令が可
能な場合もあるとされている。

問題 13　健康情報に関する生データであっても、健康確保の目的を持っている限り、会社の従業員ならどの従業員でも取り扱うことができる。

解答　×
解説　産業保健業務従事者から産業保健業務従事者以外の者に健康情報を提供させるときは、生データではなく必要に応じて適切な加工等の措置を講ずるべきとされている。

問題 14　個人データの安全管理の水準については漏えい等をした場合に本人が被る権利利益の侵害の大きさを考慮し、事業の規模及び性質、個人データの取扱状況（取り扱う個人データの性質及び量を含む。）、個人データを記録した媒体の性質等に起因するリスクに応じて、必要かつ適切な内容とすべきである。

解答　○
解説　本文のとおり。

問題 15　HRテクノロジーには倫理やレピュテーションの問題はあるが、法律の問題は存在しない。

解答　×
解説　プライバシー法や労働法等の問題が存在する。

第6章
退職と
HRテクノロジー

本章の目的

　本章は、企業が従業員を解雇したり、従業員が企業を退職したりする場合に HRテクノロジーを用いる際の留意点について学ぶことを目的とします。まず、労働法において解雇や退職がどのように規制されているのかを概観します（1）。次に、解雇・退職の過程における個人情報の取扱いについて解説します（2）。

　その後、HRテクノロジーを用いる際の留意点について、能力不足などを理由とする解雇（3）、企業側の経営上の理由による解雇（4）、懲戒解雇（5）、労働者の任意の退職（6）の各場面に即して説明します。

1　解雇・退職と労働法

　使用者側からの労働契約の一方的な解約のことを「解雇」といいます。この解雇は、労働者の生計維持手段を失わせるものでその生活に重大な影響を及ぼすため、労働法において様々な制限があります。例えば労働基準法は、使用者は労働者を解雇しようとする場合、解雇の 30 日前にその予告をするか、30 日分以上の平均賃金を支払わなければならない（労基法 20 条 1 項本文）ことなど、解雇の手続を定めています。

　解雇の可否に関し、労働契約法は、使用者は労働者を自由に解雇することはできないというルールを定めています。具体的には、解雇は、①客観的に合理的な理由を欠き、②社会通念上相当であると認められない場合は、その権利を濫用したものとして無効になります（労契法 16 条。解雇権濫用法理）。このルールは、第 2 章 2（1）で説明した採用内定取消しと試用期間後の本採用拒否の場合にも適用されています。日本の雇用システムの特色として、使用者の労働者に対する配転命令権が広く認められている反面、解雇権は相当に制限されているということが挙げられます。なお、人員配置に関する広範な裁量が使用者にあることについては、第 4 章 4（3）を適宜参照してください。

　その「客観的に合理的な理由」としては、労働者がその労務を提供することができなくなったり労働能力・適格性がないか失われたりした場合（後記 3）、使用者の経営状況が悪化するなどして企業のリストラクチャリングが必要になった場合（「整理解雇」といいます。後記 4）が挙げられます。加えて、労働者の非行や違法行為、職場規律違反があった場合に、その労働者を解雇することもあります。この場合の解雇は、上で述べた解雇と同じ手続で行われるときもありますが、懲戒解雇という手続で行うときもあります（後記 5）。なお、上記の場合の他、ユニオンショップ協定による解雇もありますが、これは HR テクノロジーとの関連性が薄いため説明は省略します（【図表 6-1】も参照）。

　労働契約が終了する原因としては、解雇とは別に、労働者と使用者との合意による解約（「合意解約」といいます。）や労働者側からの一方的な解約（「辞職」

といいます。民法 627 条 1 項）もあります。これらはいずれも、解雇とは違って労働者が任意に退職する行為ですから、労働基準法や解雇権濫用法理の規制を受けませんし、解雇するよりも穏便にその労働者との間の問題を解決することも期待できます。そのため、使用者が労働者に対し、合意解約に応じたり辞職したりするように説得する退職勧奨を行うこともあります（後記 6）。

　以上のような解雇に「客観的に合理的な理由」があるかどうかとその解雇が「社会通念上相当」であるかどうかの判断や、退職勧奨を行うべきかどうかなどの判断に、HR テクノロジーによる労働者の適格性判断を活用する可能性が考えられます。

【図表 6-1　解雇の種類と理由】

解雇の種類		解雇の理由	適用条文
普通解雇	狭義の普通解雇	・労務提供が不能となった、又は労働能力や適格性が不足している ・勤務成績が不良 ・労働者の非行や違法行為、職場規律違反があった	労契法 16 条
	整理解雇	・使用者の経営状況が悪化した、又はその経営を合理化する	
懲戒解雇		・労働者の非行や違法行為、職場規律違反があった	労契法 15 条

2　解雇・退職と個人情報保護法制

　解雇や退職勧奨の検討過程で労働者の個人情報を利用する場合の個人情報保護法上の問題は、後記 3 以下で説明するように人事評価や人員配置の判断にあたって個人情報を利用する場合と共通しているため、詳細は第 4 章を参照してください。

　解雇・退職に特有の問題は、雇用終了後の個人情報の削除です。個人情報保護法 22 条は、データ内容の正確性の確保（人事データ利活用原則（巻末資料参

照）の「5　正確性、最新性、公平性原則」参照）に加え、不要になった個人デー
タの消去について事業者の努力義務を定めています。同条は、「個人データ」
（個情法 16 条 3 項）を対象にしており、事業者に過度の負担とならないよう
「個人情報」（個情法 2 条 1 項）よりも限定する一方、「保有個人データ」（個情
法 16 条 4 項）よりも広く及びます。同法 22 条のいう「利用する必要がなくな
ったとき」としては、「利用目的が達成され当該目的との関係では当該個人デー
タを保有する合理的な理由が存在しなくなった場合や、利用目的が達成され
なかったものの当該目的の前提となる事業自体が中止となった場合」などが挙
げられます（ガイドライン通則編 3-4-1）。他方で、使用者は、労働基準法に基
づき、退職の日などから 5 年間、労働関係に関する記録の保存義務を負います
（労基法 109 条。もっとも、当分の間は 3 年間とされています。）。そのため、その
期間中はデータベース上に保存している所定の情報を削除することはできませ
ん。このように法令の定めによって情報の保存期間が定められている場合、個
人情報保護法 22 条のいう「利用する必要がなくなったとき」には当たらない
と考えられます（ガイドライン通則編 3-4-1 参照）。また、個人情報の利用目的
（個情法 17 条 1 項）として雇用終了後もその労働者の人事データを利用するこ
とが含まれていれば、労働者の解雇や退職をもって「利用する必要がなくなっ
た」とはいえません。そして、個人データの消去に関する事業者の義務は努力
義務として定められているため、事業者が退職者に関するデータ消去を怠った
としても、そのことから直ちに利用停止・消去の請求権は発生しません。

　もっとも、「個人データ」よりも限定された「保有個人データ」については、
その利用目的などの公表などが求められます（個情法 32 条 1 項各号）し、①事
業者が利用する必要がなくなった場合（前述した個情法 22 条と同様の意味と解釈
されています。ガイドライン通則編 3-8-5-1 (3) ①）や、②保有個人データの重
大な漏洩など（個情法 26 条 1 項本文）があった場合、③その他保有個人データ
の取扱いにより本人の権利・正当な利益が害されるおそれがある場合（退職し
ているにもかかわらず、事業者がなおも自社の従業員であるかのようにホームペー
ジに掲載している事例などが挙げられます。ガイドライン通則編 3-8-5-1 (3) ③）
には、本人は保有個人データの利用停止・消去、第三者への提供の停止を請求
することができます（個情法 35 条 5 項）。この請求を受けた事業者は、その請

求に理由があるときには、必要な限度で遅滞なく、利用停止・消去、第三者提供停止（同条 6 項本文）若しくは代替措置（同項ただし書）をし、それらを実施したとき、または実施しないことを決定したときには本人に通知しなければならず（同条 7 項）、事業者がこれらを怠った場合、勧告・命令・公表（個情法148 条）や罰則（個情法 178 条）の対象になる可能性があります。また、請求された措置をとらない旨を通知する場合は、その理由を説明する努力義務も定められています（個情法 36 条）。さらに、実際に退職者の個人情報が流出するなどして不適切な情報管理の実態が判明すれば、企業としては損害賠償責任を負うなどの法的責任を負う可能性に加えて、その社会的信用が失われるなどのレピュテーションリスクもあります。したがって、退職者に関する情報のうち、法令上又は人事労務管理上必要なもの以外は、退職後直ちに削除したり、当該データから特定の個人を識別できないようにしたり（ガイドライン通則編 3-4-1）して適切に管理することが求められるでしょう。

3　狭義の普通解雇（労務提供の不能や労働能力又は適格性の欠如・喪失）と HR テクノロジー

労働者がその労務を提供することができなくなったり労働能力・適格性がないか失われたりした場合は、前記 1 のとおり、解雇が有効になるための「客観的に合理的な理由」に当たりますが、そのような場合をさらに、負傷・疾病によって労務提供が不能となったとき（後記（1））と勤務成績が不良なとき（後記（2））との二つに分けることができます。

（1）傷病によって労務提供が不能となった労働者の解雇・退職

（A）法的ルール

まず、業務上の負傷・疾病（業務災害）の場合は、その療養のために休業する期間とその後 30 日間は、その労働者を解雇することが禁止されています（労基法 19 条 1 項本文）。次に、業務外の傷病（私傷病）によって労務提供が不能又は困難になった場合は、直接の法規制はありませんが、多くの企業は、療

養の便宜と機会を与え、症状の回復を待つ傷病休職の制度を設けています。この制度がいわば解雇猶予措置として確立しているため、私傷病によって労務提供が不能・困難になったとしても、（その企業における傷病休職制度の有無にかかわらず）直ちに解雇することは解雇権の濫用に当たるおそれがあります。したがって、解雇を検討するのは、回復の機会を与えてもなお労務を提供できる程度まで回復しない場合になります。

　労働者が私傷病によって労務提供が不能となった場合の解雇・退職として特に重要なのが、上記の傷病休職制度です。傷病休職制度では、私傷病を理由とする長期欠勤が一定期間（3か月から6か月程度が一般的です。）に及んだ場合に労働者を休職させます。そして、所定の休職期間内に傷病から就労可能な程度に回復（一般的に「治癒」といいます。）すれば復職となりますが、この期間内に回復しなければ、期間満了時に自動退職又は解雇となるという仕組みです。

　私傷病による休職をめぐって特に争われるのが、傷病休職制度における復職の要件である「治癒」に該当するかどうかです。この「治癒」は、現在、職種や業務内容が特定されていない労働者については、休職期間内に従前の業務を遂行できる程度まで回復することよりも緩やかに解釈されています。裁判実務では、そのような労働者が復職の意思を表示している場合、使用者はその復職の可否を判断するに当たり、労働者の能力、経験、地位、使用者の規模や業種、その労働者の配置や異動の実情、難易などを考慮し、配置転換などにより現実に配置可能な業務の有無を検討すべきだと判断されています（JR東海事件・大阪地判平成11年10月4日労判771号25頁等）。したがって、労働者が休職前の業務を十分に遂行できないからといって、軽減業務を指示することなく退職扱いや解雇としても、それは無効になるおそれがあります。

　近年は、このように裁判実務が復職可能性を緩やかに認めようとする傾向にあることから、企業は、復職の判定について慎重な姿勢をとるようになり、休職期間を延長して療養の妨げにならない範囲で試験的に業務類似の作業をさせるといったリハビリ勤務（「試し出勤」などともいわれます。）の仕組みを取り入れる動きがみられます。このリハビリ勤務は、導入企業によってその趣旨・法的性格が異なりますが、就業規則の規定などから、休職前の業務に代わる軽減業務の趣旨ではなく、労働者の復職可能性を正確に判断するために設けられた

3　狭義の普通解雇（労務提供の不能や労働能力又は適格性の欠如・喪失）とHR テクノロジー

【図表6-2　傷病休職制度のプロセス】

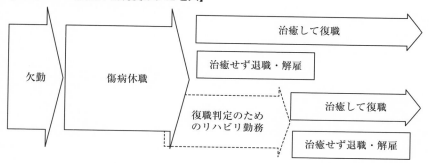

休職期間の延長の趣旨だと認められれば、リハビリ勤務を開始したからといって復職したということにはならなくなります（綜企画設計事件・東京地判平成28年9月28日労判1189号84頁）。その場合、リハビリ勤務の末に「治癒」に至らなければ、退職扱いや解雇となります（【図表6-2】も参照）。

(B) HR テクノロジーの活用

　傷病休職に関してHR テクノロジーを活用する場面としては、労働者が「治癒」したかどうか、つまり復職可能性を使用者が判定するときが考えられます。その判定のために使用者は、前掲JR 東海事件などが述べる「現実に配置可能な業務」を検討しますが、特に企業規模が大きいほど多種多様な職種が存在するため、想定される「配置可能な業務」は増える一方で、人間がそれらの職種を網羅的に検討することは困難になります。そこで、HR テクノロジーを活用し、当該労働者が適応しうる職務を検索することができれば、その検討を客観的かつ効率的に行うことができます[1]（HR テクノロジーと人員配置との関係については、第4章を参照してください。）。

　加えて、リハビリ勤務の過程で復職可能性を判断するためにもHR テクノロジーを活用することが考えられます。リハビリ勤務において当該労働者にとって適切な目標を設定した上で、その勤怠やリハビリの遂行度合いを定量化す

---

1)　HR テクノロジー（2018）240～241頁〔倉重公太朗〕。

れば、そのリハビリの遂行状況から復職可能性を判定することができます。この判定が客観的であると認められれば、判定の合理性が支えられるでしょう。[2]

(2) 勤務成績が不良な労働者の解雇

(A) 法的ルール

労働者の勤務成績が不良であることは、解雇の「客観的に合理的な理由」に当たりますが、当然には解雇できません。裁判実務の傾向として、単に成績が不良というだけでは解雇は正当化されず、解雇の事由が重大な程度に達しており、他に解雇を回避する手段がなく、かつ労働者側に宥恕すべき事情がほとんどない場合に、解雇は「社会通念上相当」であるとして有効と判断しています。このような傾向は、特に長期雇用慣行の企業における正社員に対する解雇事例にみられます。[3]

具体的には、エース損害保険事件（東京地決平成 13 年 8 月 10 日判時 1808 号 129 頁）は、長期雇用慣行企業における正社員を勤務成績の不良を理由として解雇する場合は、成績不良が「〔①〕企業経営や運営に現に支障・損害を生じ又は重大な損害を生じる恐れがあり、企業から排除しなければならない程度に至っていることを要し、かつ、その他、〔②〕是正のため注意し反省を促したにもかかわらず、改善されないなど今後の改善の見込みもないこと、〔③〕使用者の不当な人事により労働者の反発を招いたなどの労働者に宥恕すべき事情がないこと、〔④〕配転や降格ができない企業事情があることなど」（番号は筆者加筆。）を考慮して解雇権が濫用されたか否かを判断すべきだと判示しました。

(B) HR テクノロジーの活用

従来、労働者に対する成績評価は、「人間」であるその上司が「責任感」や「協調性」などの基準により、主観的に行ってきたことが少なくありませんでした。[4] しかし、HR テクノロジーを活用すれば、①労働者の成績不良が「企業

---

2)　HR テクノロジー（2018）241〜242 頁〔倉重公太朗〕。
3)　菅野 787 頁。

経営や運営に現に支障・損害を生じ又は重大な損害を生じる恐れがあり、企業から排除しなければならない程度に至っている」かどうかを、人事評価に関するデータをはじめとする様々なデータなどから測定できるようになるでしょう。これにより、労働者の成績不良の程度がこれまでよりも具体的・客観的かつ容易に判断できるようになります。

　また、HR テクノロジーを活用すれば、労働者を複数の部署に配置してみて、当該労働者の各部署におけるジョブフィット率を算定することで、その適正な配置を模索することができます。これにより、③人事管理の正当性や④配転や降格の可能性についても、より容易に判断することができるようになります。

　もっとも、第 2 章 2（5）や第 4 章 5（1）（B）でも解説したとおり、AI の判断過程がブラックボックス化するおそれがあることに留意しなければなりません。そのため、人事評価やジョブフィット率の算定、適正配置の判断の過程で考慮された具体的事実が検証可能であるか否かが重要になります。すなわち、具体的事実に対する評価が、合理的であり（差別的・濫用的でなく）、それまでの人事評価データとも整合していることが必要になります。また、それらの具体的事実は、客観性や代表性を備えていなければならず、主観的な評価が含まれるものや恣意的に抽出されたものであってもなりません[5]（人事データ利活用原則の「5　正確性、最新性、公平性原則」も参照してください。）。

　このように、HR テクノロジーを活用して解雇する場合も、AI のみに依拠して判断することは適切ではなく、すべての情報をデータ化した上で[6]、ジョブフィット率や配転の試行のように定量化され、検証可能なデータを補助的材料として、最終的には人間の責任で判断しなければなりません（第 2 章 4（1）で解説した「ケンタウロスモデル」も参照してください。）。なお、HR テクノロジーを利用した人事評価や人員配置をめぐる法的問題については、第 4 章も参照してください。

　②改善の見込みに関連する問題として、業務改善プログラム（Performance

4）　（B）全体について HR テクノロジー（2018）244〜246 頁〔倉重公太朗〕。

5）　松尾 343 頁。

6）　倉重公太朗「AI の人事労務分野での活用と労働法における法的問題──AI の利活用を含む HR テクノロジーのこれからと労働法分野の各問題」労働法学研究会報 2683 号（2018 年）17 頁。

Improvement Program, PIP）の活用があります。これは、パフォーマンスに問題がある労働者に対し、一定期間、具体的な目標を設定して取り組ませ、それに対する評価・フィードバックを行うことにより、業務の改善を目的とするものです。外資系企業を中心に実施されていますが、近年は日本企業にも導入されつつあります。

　しかし、日本の解雇権濫用法理の下では、PIP を実施したからといって直ちに解雇の有効性が保証されるわけではありません。また、PIP を受けよという使用者の指示を労働者が拒否したからといって当然に解雇が許されるものでもありません（日本アイ・ビー・エム（解雇・第 1）事件・東京地判平成 28 年 3 月 28 日労判 1142 号 40 頁）。解雇に先立って PIP を実施するにあたって留意しなければならないことは、PIP で与えられた課題のすべてが達成されなかったとしても、その達成度から業務の改善に向けた労働者の努力がみられれば、解雇は有効にならないという点です。課題のすべてを達成できなかったことから能力が不足しているというのが使用者の主観的評価にすぎないと判断されることがあるからです（ブルームバーグ・エル・ピー事件・東京高判平成 25 年 4 月 24 日労判 1074 号 75 頁）。したがって、PIP では、（A）達成可能な具体的な目標を設定すること、（B）労働者の問題点を共有し、具体的な改善矯正策を講じること、及び（C）フィードバックが適切であることが重要になります。

　HR テクノロジーを活用すれば、人間の恣意的判断によることなく、具体的な問題点の指摘や、達成可能な目標の設定、目標の達成率の測定、適切なフィードバックと次の目標設定などを行うことができるでしょう。PIP を実施する場面では、具体的な数値目標や職務内容が明確になるため、通常業務に従事するときよりも HR テクノロジーによる評価になじむと考えられています。ただ、PIP による評価にもブラックボックス問題が生じうるため、特に目標設定には人間が関与し、細かく調整すべきです。

　また、PIP によるフィードバックだけでなく、日常業務における労働者に対する十分な指示・指導も行っていなければ、是正のための注意・指導としては不十分だと判断される可能性があります（前掲ブルームバーグ・エル・ピー事件）。したがって、PIP の実施だけで解雇の判断はせず、通常業務に関する指導も行うべきです。

4　整理解雇と HR テクノロジー

(1)　整理解雇に関する法的ルール

　「整理解雇」とは、企業がその経営上必要とされる人員削減のために行う解雇と定義されます。[7]整理解雇は、前記 3 で述べた労務提供の不能・労働者の能力不足や後記 5 で述べる労働者の非違行為など、労働者側の事情に基づく解雇とは違い、専ら使用者側の経営上の理由による解雇です。そのため、前記 1 の解雇権濫用法理の適用上、解雇の有効性がより厳しく審査されます。具体的には、整理解雇の有効性は、①人員削減の必要性、②解雇回避努力、③被解雇者選定の合理性、④解雇手続の相当性という 4 要素によって審査されます。

　①人員削減の必要性は、人員の削減やこれを伴う事業組織の廃止・縮小が不況や経営不振などによる企業経営上の十分な必要性に基づいていることをいいます。その必要性の程度としては、人員削減を実施しなければその企業が倒産必至の状況であることまでは必要なく、債務超過や赤字累積のような状況で足りると考えられています。

　②解雇回避努力は、使用者は解雇に先立って希望退職の募集や配置転換などの解雇回避措置を実施することが求められる、というものです。この努力が十分に尽くされなければ、その解雇は無効になります。

　黒字経営において企業が経営の合理化を図る状況でも、①人員削減の必要性が認められることはありますが、そのような場合は、その必要性が高度とはいえませんので、②解雇回避努力として相当に手厚い措置がなければ、解雇は無効になります。なお、HR テクノロジーそのものの問題ではありませんが、AI の導入によって仕事がなくなること（いわゆる「AI 代替」）を理由に部門を閉鎖して労働者を解雇することも、整理解雇に当たります。ただ、AI の導入を、先に述べたように黒字経営のなかで経営を合理化するために行うにすぎない場合は、解雇の有効性が厳しく判断され、無効になりやすくなります。[8]

---

7)　(1) 全体について菅野 793〜796 頁。

①人員削減の必要性と②解雇回避努力が認められ、何名かの労働者の整理解雇がやむをえない場合であっても、使用者は解雇される者の選定について、客観的で合理的な基準を設定し、これを公正に適用して解雇することが求められます。これが③被解雇者選定の合理性です。これらの 4 要素のなかでも、HR テクノロジーの活用と特に深く関わるのは、この③被解雇者選定の合理性です。この点について次の（2）で説明します。

④解雇手続の相当性では、使用者は、労働組合や労働者に対し、その整理解雇の必要性や、時期・規模・方法を十分に説明・協議することが求められます。

（2）整理解雇への HR テクノロジーの活用

③被解雇者選定の合理性では、設定した基準の客観性・合理性やその運用の公正さに問題があれば、その整理解雇は無効になります[9]。裁判例において合理的とされてきた選定基準は、欠勤日数、遅刻回数、規律・命令違反歴などの勤務成績や、勤続年数などの企業貢献度、「解雇される者が 30 歳以下である」などの経済的打撃の小ささなどです。このように被解雇者選定の基準は、性格の異なる様々な基準が存在しうるため、あらゆる事案に妥当する客観的合理的基準があるわけではありません。しかも、勤務成績不良者という基準と、再就職が容易で経済的打撃の小さい者という基準のように、それらは相互に矛盾しうるものです。したがって、その企業においてどのような基準を設定するのかは労使の全体的な納得を尊重すべきであると考えられています。

HR テクノロジーの活用方法としては、このようにして人間が選定基準を設定した後、AI に当該基準に基づいて被解雇者の候補者リストを作成させるということが考えられます。ただし、ここでもブラックボックス問題を考慮しなければなりません。したがって、このような場合、人間が設定した選定基準が客観的かつ合理的であることと、AI がその選定基準に基づいて正しく判断したことを人間が確認した上で被解雇者を決定するなどして運用が公正であったことが認められれば、③被解雇者選定の合理性は肯定されるでしょう[10]。他方、

8)　松尾 345 頁。

9)　本段落について菅野 797 頁、荒木尚志『労働法［第 5 版］』（有斐閣、2022 年）354 頁。

AI の判断過程を含めた選定の理由が説明可能なものでなければ、④解雇手続の相当性という手続的な要素だけでなく、実体的・内容的な要素である③被解雇者選定の合理性が否定されるでしょう。

　また、HR テクノロジーの活用により、成績評価に基づく人選が行いやすくなると考えられます。成績評価のみに基づく人選は、一見すると合理的な選定基準ですが、主観的で合理性に乏しいと判断される傾向にあることが指摘されています。[11] これに対し、前記3（2）（B）で勤務成績が不良な労働者の解雇について述べたとおり、従来、人間である上司が行っていた成績評価は、HR テクノロジーの活用によって客観的かつ容易に行うことができるようになる可能性があります。ただ、この場合も、基準の適用をすべて AI に委ねて人間が実質的に関与しないときには、人選の合理性は否定されるでしょう。

5　懲戒解雇その他の懲戒処分と HR テクノロジー

(1)　懲戒処分に関する法的ルール

　「懲戒処分」とは、労働者の企業秩序違反行為に対する制裁罰として使用者が行う労働関係上の不利益措置と定義することができます。[12] その措置としては、懲戒解雇、諭旨解雇（退職を勧告し、所定期間内に応じない場合に懲戒解雇とすること。）、出勤停止、降格、減給、けん責（通常、始末書の提出を伴います。）・戒告（通常、始末書の提出を伴いません。）などがあります。

　使用者が労働者に対して懲戒処分を行うには、①懲戒事由と懲戒処分の種類が就業規則に定められており、それが周知されていること、②労働者の行為が①の定める懲戒事由に該当すること、③懲戒処分の内容が社会通念上相当であることが必要になります（労契法15条）。

　①懲戒処分の根拠規定があっても、その懲戒規定が設けられる前の事犯に対してその規定を遡及的に適用してはならない、同一の事案に対して二度の懲戒

---

10)　松尾345〜346頁。
11)　菅野797頁。
12)　菅野700頁。

処分を行うことはできない、といった限界があります。[13]

前記 1 のとおり、労働者の非行や違法行為、職場規律違反があった場合は、懲戒解雇としてではなく、普通解雇として解雇されることもあるため、普通解雇も、事実上懲戒処分の一つとして機能することがあります。[14] したがって、次の (2) で説明する内容は、労働者の非行などを理由に行う普通解雇にも共通します。

なお、懲戒解雇と普通解雇との違いとして、「懲戒」として解雇されたことが明記されることにより、労働者の再就職にあたって重大な障害になるという不利益が生じます。[15] また、懲戒解雇の場合は、解雇予告・解雇予告手当がないことや退職金の全部又は一部が支給されないことが多いですが、懲戒解雇として有効だとしても直ちにこれらが認められるわけではありません。解雇予告については、その懲戒解雇が労基法上の即時解雇（労基法 20 条 1 項ただし書）に該当する必要があり、退職金については、退職金規程が定める不支給事由に該当する必要があります。

(2)　懲戒処分への HR テクノロジーの活用

前記の②懲戒事由に該当する労働者の行為には、経歴詐称、職務懈怠、業務命令違背、業務妨害、職場規律違反、私生活上の非行、無許可兼業、使用者の誹謗中傷、企業秘密の漏洩、同僚の引抜きなど、様々なものがあります。[16] 労働者がこのような非違行為を実行し又は関与したかどうかは、HR テクノロジーの活用により、大量のメールなどを短時間で調査するなどして、より効率的かつ正確に調査することができます。その反面、労働者のプライバシー侵害の程度が高まる危険性もあります。[17] HR テクノロジーを利用した労働者に対するモニタリングをめぐる法的問題については、第 3 章で解説したとおりです。ただ、

---

13)　菅野 715 頁。

14)　菅野 787 頁。

15)　本段落につき菅野 706 頁。

16)　菅野 707～715 頁。

17)　松尾 330 頁。

日常的な情報収集を目的とする業務に対するモニタリングとの違いとして、懲戒事由の該当性や行為態様などの調査を目的とするモニタリングは、より適法とされる可能性が高くなります。なぜなら、調査の必要性がより高いことに加え、その監視の目的と範囲が限定されることにより、プライバシー侵害の程度がより小さくなることが考えられるためです。[18]

前記③「社会通念上相当」であるためには、労働者の行為が②懲戒事由に該当するとしても、その行為の性質・態様や懲戒処分を受ける者の勤務歴などに照らして過度に重いものであってはなりません[19]。特に懲戒処分としてはいわば極刑である懲戒解雇を行う場合は、その処分が「社会通念上相当」といえないために無効になることが多いです。そして、「相当」性の判断で重要なことは、同じ規定に同じような態様・程度で違反した場合には、それに対する懲戒処分は同程度の内容でなければならないという公平性の要請です。したがって、使用者は、懲戒処分の内容が過去の同種・類似事案と比較して過度に重いものになっていないことを確認する必要があります。仮にそれまでは黙認してきた種類の行為に対して懲戒処分を行うのであれば、事前の警告が十分になされていることが必要です。

違法な懲戒処分を行わないようにするためには、HR テクノロジーを活用して過去の類似事案を調査し、その懲戒処分の量定が公平であるかどうかを判断する参考資料とすることが考えられます。懲戒処分には刑事罰に類似する性格があるところ、刑事罰における量刑についても、過去の量刑因子に応じた量刑データベースがあれば AI を活用できる可能性があると考えられています。そのため、企業に十分な量の過去の懲戒事例と、それを因子ごとに分類したデータベースがあれば、AI が参考情報を適切に示すことができる可能性があります。[20]

---

18) 松尾303〜304頁。菅野695頁も参照。

19) 本段落について菅野717頁。懲戒処分の内容の相当性に加え、本人に弁明の機会を与えるなど、懲戒の手続も相当なものでなければなりません。

20) 松尾330〜331頁。

6　任意の退職と HR テクノロジー

(1)　退職勧奨の適法性と違法性（法的ルール）

　退職勧奨は、労働契約の合意解約に応じたり、辞職したりするなど、自発的に退職するように労働者を説得する使用者の行為です。合意解約と辞職は、いずれも、解雇とは違って労働者が任意に退職する行為であるため、労働基準法や解雇権濫用法理の規制を受けません。しかし、だからといって、使用者は労働者に対していかなる退職勧奨も許されるということではありません。

　使用者が退職勧奨により、「労働者の自発的な退職意思を形成する本来の目的実現のために社会通念上相当と認められる限度を超えて、当該労働者に対して不当な心理的圧力を加えたり、又は、その名誉感情を不当に害するような言辞を用いたりすることによって、その自由な退職意思の形成を妨げるに足りる不当な行為ないし言動をすることは許され」ません。そのような退職勧奨は違法であり、不法行為（民法 709 条）に基づいてその損害を賠償しなければなりません（日本アイ・ビー・エム事件・東京地判平成 23 年 12 月 28 日労経速 2133 号 3 頁）。より具体的には、説得行為の態様（威圧的・侮辱的・挑発的・執拗であったか、真摯であったかなど）や、退職を勧奨する理由に関する説明の相当性を検討し、退職勧奨が違法かどうかは判断されます。

(2)　退職勧奨への HR テクノロジーの活用

　退職勧奨の理由の相当性では、退職勧奨の対象者の成績不良に関する具体的事実や業務改善に向けた努力などが重要になります。また、退職勧奨の拒否に対する報復的な人事評価もしてはなりません。そこで、前記 3（2）（B）や前記 4（2）と同様、HR テクノロジーを活用し、客観的で公正な基準としてジョブフィット率を算出することが考えられます。ここでもジョブフィット率算定に至るデータの正確さや過程の適正さが検証可能である必要はありますが、ジョブフィット率が低ければ、退職勧奨の理由として相当であるといえるでし

ょう。

(3)　退職予測の活用

　退職の勧奨とは反対に、優秀な従業員が退職しないよう慰留（リテンション）するために HR テクノロジーを活用するという事例があります。

　HuRAid は、従業員の「4 か月後の退職確率」を高精度で予測できる「Hu-RAid 勤怠分析」というクラウド型勤怠分析サービスを提供しています。これは、導入企業における過去の退職者の勤怠行動（出退勤時刻、遅刻、早退、残業、打刻忘れ、有給休暇の取得状況等）の「微妙な変化」を指標化、分析し、モデル化した過去の退職者の勤怠行動の特徴に、現在の従業員の勤怠行動がどの程度適合しているかを評価することにより、4 か月後の退職確率を算出するものです。

　このように将来の退職確率が予測できることにより、上司との面談や勤怠マネジメント強化、配置転換・待遇の向上などのリテンションに向けた施策の他、退職した場合に備えて中途採用による人員の補充も検討できるようになります。[22]他方、数か月後の退職予測が算出されたとしても、実際には従業員本人に退職の意思がない場合もあるため、他に退職勧奨の相当性を支える事情がなければ、安易な退職勧奨は控えるべきでしょう。[23]

確認問題

[問題 1]　企業の従業員に対する配置転換の権限を広く認める反面、解雇が制限されているというのが日本における雇用システムの特徴の一つである。

　[解答]　○
　[解説]　解雇（特に普通解雇）の有効性を判断するにあたっても、配転が解雇を

21)　HR テクノロジー（2018）243 頁〔倉重公太朗〕。
22)　HR テクノロジー（2018）226～227 頁〔白石紘一〕
23)　HR テクノロジー（2018）244 頁〔倉重公太朗〕。

回避する措置として重視されています。

問題2　労働者からも使用者からも、労働契約の解約は自由にはできず、法令によって制限されている。

解答　×

解説　使用者からの解雇は、労働基準法や解雇権濫用法理（労契法 16 条）によって制限されますが、労働者（期間の定めがない場合）はいつでも辞職できます（民法 627 条 1 項）。

問題3　事業者が退職者に関するデータ消去を怠ったとしても、そのことを理由として退職者本人から消去を請求することはできない。

解答　○

解説　個人情報保護法 22 条は、「個人データ」の消去に関する努力義務を定めた規定であり、利用停止等の請求権は、「保有個人データ」を事業者が利用する必要がなくなった場合などに認められます（同法 35 条 5 項）。

問題4　業務上の傷病の療養のために休業している労働者については労働基準法で解雇が制限されるが、業務外の傷病によって労務提供が不能又は困難になった労働者の解雇については直接の法規制はない。

解答　○

解説　業務上の傷病については、労基法 19 条 1 項本文が規定しています。私傷病については、解雇権濫用法理の下で、療養の機会を与えずに直ちに解雇することは解雇権の濫用に当たるおそれがあります。

問題5　傷病休職制度において、職種や業務内容が特定されていない労働者は、休職期間が満了するまでに従前の業務を遂行できる程度まで回復しなければ、復職は認められない。

解答　×

解説　そのような労働者が復職の意思を表示している場合、使用者はその復職の可否を判断するに当たり、現実に配置可能な業務の有無を検討すべきという

のが裁判実務です（JR 東海事件・大阪地判平成 11 年 10 月 4 日労判 771 号 25 頁等）。

問題6　傷病休職をとっていた労働者の復職可能性を判定するため、リハビリ勤務をさせた場合に、使用者がその遂行状況を不十分であると判断すれば、その労働者は退職扱いや解雇となる。

解答　×
解説　リハビリ勤務の結果、使用者としてリハビリの遂行状況が不十分だと考えたとしても、「治癒」に至ったと判断されれば復職となり、退職扱いや解雇にはできません。

問題7　労働者の勤務成績が不良であることは解雇の「客観的に合理的な理由」に当たるが、単に成績が不良というだけでは解雇は正当化されない。

解答　○
解説　裁判実務では、解雇が有効とされるのは、成績不良が重大な程度に達しており、他に解雇を回避する手段がなく、かつ労働者側に宥恕すべき事情がほとんどない場合です。

問題8　これまで人間が主観的に行ってきた従業員に対する成績評価は、HR テクノロジーの活用により、具体的・客観的かつ容易に行えるようになるので、成績不良などを理由とする解雇は AI に依拠して判断すべきである。

解答　×
解説　AI の判断過程のブラックボックス問題に留意しなければなりませんので、HR テクノロジーを活用して解雇する際は、検証可能なデータを補助的材料として、最終的に人間の責任で判断しなければなりません。

問題9　勤務成績が不良な労働者を能力不足の理由で解雇する場合、解雇に先立って PIP（業務改善プログラム）を実施して課題が達成できていなければ、解雇は有効になる。

解答　×

解説　PIP で与えられた課題のすべてが達成されなかったとしても、その達成度から業務の改善に向けた労働者の努力がみられれば、解雇は有効にはなりません。また、PIP によるフィードバックだけでなく、日常業務における労働者に対する十分な指示・指導も行っていなければ、是正のための注意・指導としては不十分だと判断される可能性があります（ブルームバーグ・エル・ピー事件・東京高判平成 25 年 4 月 24 日労判 1074 号 75 頁）。

問題 10　整理解雇は、労働者側の事情に基づく解雇とは違い、専ら使用者側の経営上の理由による解雇であるため、解雇権濫用法理の適用上、解雇の有効性がより厳しく審査される。

解答　○

解説　具体的には、整理解雇の有効性は、①人員削減の必要性、②解雇回避努力、③被解雇者選定の合理性、④解雇手続の相当性という 4 要素によって審査されます。

問題 11　整理解雇を行う際の HR テクノロジーの活用方法としては、AI に、選定基準を設定させるとともに、当該基準に基づいて被解雇者の候補者リストを作成させるというのが望ましい。

解答　×

解説　当該企業においてどのような基準を設定するのかは労使の全体的な納得を尊重すべきだと考えられているため、選定基準は人間が設定することが望ましいです。

問題 12　懲戒解雇として有効であれば、解雇予告・解雇予告手当を与える必要はなく、退職金も不支給又は減額とすることができる。

解答　×

解説　懲戒解雇が労契法 15 条の要件を満たして有効であるとしても、解雇予告については労基法上の即時解雇（労基法 20 条 1 項ただし書）に、退職金については退職金規程が定める不支給事由に、それぞれ該当する必要があります。

問題 13　HR テクノロジーを活用して行う、懲戒事由の該当性や行為態様などを

調査するためのモニタリングは、日常的な情報収集を目的とする業務に対するモニタリングよりも、適法とされる可能性が高くなる。

解答 ○

解説 HR テクノロジーの活用による調査は労働者のプライバシー侵害の程度が高まる危険性がありますが、懲戒事由などの調査の場合は、調査の必要性がより高いことに加え、その監視の目的と範囲が限定されるため、プライバシー侵害の程度がより小さくなることが考えられます。

問題 14 合意解約と辞職は、解雇とは違って労働者が任意に退職する行為であるが、それらによって自発的に退職するように労働者を説得する退職勧奨も違法になる場合がある。

解答 ○

解説 不当な行為・言動による退職勧奨は違法であり、不法行為（民法 709 条）が成立します（日本アイ・ビー・エム事件・東京地判平成 23 年 12 月 28 日労経速 2133 号 3 頁）。

問題 15 HR テクノロジーにより算出された退職確率の予測は、①優秀な従業員のリテンションに向けた施策や、②退職に備えた人員の補充の検討、③スムーズな退職勧奨に活用すべきである。

解答 ×

解説 退職確率の予測は①②には活用できますが、③については実際には従業員本人に退職の意思がない場合もあるため、退職勧奨を安易に行うべきではありません。

第7章
国際的な人事データの
保護と利活用

本章の目的

　人事データを活用する上で、国際的にはどのようなデータ保護が求められるのでしょうか。主に日米欧の比較を通じて、国際的に求められる人事データの保護と利活用について概観します。日米欧では、データ保護に関して異なる制度設計が行われており、それぞれ留意点が異なります。一方で、2022年7月現在、これらの相互のデータ保護の体制に関して新しい方向性が見えてきました。既存のデータ保護に関して理解し、その上で人事データの活用を活用するための基本的知識を身につけます。

1　主要各国におけるデータ保護

(1)　主要国におけるデータ保護の体系

　データ保護（Data Protection）といった場合に、これは何を指すのでしょうか。データ保護を明確に定義した法令等は国内外でもありませんが、一般に、我が国でいう個人情報保護に加えて、いわゆるプライバシー保護の一部を含んだ広い意味で用いられることが多い用語です。データ保護に関する制度といった場合、我が国では個人情報保護法がこれに当たりますし、欧州ではGDPRがこれに当たります。また、独立したデータ保護機関（Independent Data Protection Authority、プライバシーコミッショナーと呼ばれることもあります。）というような呼ばれ方をする場合もあり、日本では個人情報保護委員会がこれに当たります。通称、プライバシーコミッショナー会議（正式名称：International Conference of Data Protection and Privacy Commissioners、略称：ICDPPC、2020年会合よりGlobal Privacy Assemblyと名称が変更されます。）と呼ばれる世界のプライバシーコミッショナーが年に一度、一堂に会して議論を行う場所もあります。

　データ保護の体系がどのようなものかは、その国々によって異なり、他の法制度同様に、一国の制度がそのまま他国で当てはまるということはありません。例えば、本章で主に取り上げる、欧州、米国と我が国を比較した場合、欧州型が一つの公的部門（国や地方公共団体等）と民間部門（民間企業等）の双方を対象とするオムニバス方式（統合方式）をとっているのに対して、米国は個別分野ごとに法律を設ける（公的部門を規律する1974年プライバシー保護法や通信分野、医療分野、児童保護分野、金融分野等）セクトラル方式（個別分野方式）をとっています。我が国は、セグメント方式（分離方式）と呼ばれる公的部門と民間部門をそれぞれの法律が規律する体系をとっていました。また、我が国では各地方公共団体の機関の個人情報の取扱については各地方公共団体の規則において規律されてきました。2021年5月12日の国会において可決、成立し、同年5月19日に公布された「デジタル社会の形成を図るための関係法律の整備

に関する法律」(デジタル社会形成整備法)に基づいて個人情報保護法の改正が行われ、デジタル社会形成整備法 50 条による改正により行政機関及び独立行政法人等に関する規律が、デジタル社会形成整備法 51 条による改正により地方公共団体に関する規律の規定が見直されました。これによって我が国の個人情報保護法は従来のセグメント方式から欧州型のオムニバス方式へと転換が図られています。

　データ保護に関する制度がそれぞれの国ごとに設けられ独自性を有する一方で、情報化が進展するなか、国際的なパーソナルデータの流通も進んでいます。このため、各国の法制度においては、自国外への流通、いわゆる越境データ流通について規定を設けている国も多いです。また、各国間で、このような越境データ流通に関して取決めを設けている国もあります。後述のように、欧州のGDPR ではデータ越境移転に関する制限規定が設けられていますが、我が国はこれに対して十分性の認定を受けています。また、米国も欧州との間でプライバシー保護のためのフレームワークが構築されています。従来、プライバシーシールドと呼ばれる取り決めを行っており、越境データ流通を担保していましたが、2020 年 7 月 16 日に、欧州司法裁判所でプライバシーシールドを無効とする判決が出されました。これを受けて、2022 年 3 月 25 日、欧米間の新たなデータプライバシーフレームワーク「Trans-Atlantic Data Privacy Framework」について欧州委員会が公表しました。過去にも欧米間で結ばれていたセーフハーバー協定が欧州司法裁判所に無効と判断されたことがあり、プライバシーシールドはセーフハーバー協定に代わって用いられていました。今後、欧米間でどのような取組が具体的に進められていくのか、注意が必要です。

　HR テクノロジーにおいても、基本的には、HR テクノロジーを利用する国においてどのような規制が行われるかをよく確認する必要があります。一方で、現在のグローバルなデータ流通環境から、データ保護に関して国際協調の潮流が見えつつある部分もあります。本章では、そういった潮流の中心になることが予想される欧州の GDPR を中心に解説を加えていきます。

(2) 欧州のデータ保護体制

　欧州連合基本権憲章（The Charter of Fundamental Rights of the European Union）においては、自由と安全の権利（第 6 条）、個人と家族生活の尊重（第 7 条）と並んで、パーソナルデータの保護（第 8 条）が明示されています。これは、EU にとってデータ保護は基本権・人権の問題であり、交渉の余地がないものであることを意味しています。十分性の認定にあたって他国が譲歩を引き出すようなことはできず、GDPR に定められているデータ保護に関する権利が十分に保護されているかについて判断されることになります。つまり、GDPR における十分性認定を受けようとする場合には、多くの場合、EU 型のデータ保護法制を当事国において整備する必要が生じます。日欧の十分性認定においても、交渉（Negotiation）ではなく対話（Dialogue）という言葉が使われ、交渉の余地がないことが強調されていました。

　欧州におけるデータ保護を主に担うのが、GDPR です。GDPR は 2016 年 5 月に交付され、2018 年 5 月に全面適用が開始されました。2018 年 5 月前後には、特にオンラインでサービスを提供している世界各国の企業が GDPR 対応に追われたため、記憶に新しいかもしれません。GDPR 以前は、データ保護指令（Directive 95/46/EC）が設けられていました。指令が EU 加盟各国に対して国内法の整備を義務付けるのに対して、規則は各国における法制化なしに効力を有し直接適用が可能になりました。規則によって、EU 域内の統一の強化が図られる見通しで、欧州のデジタルシングルマーケット戦略（いわゆる「データ」の単一市場化）の一端を担っています。欧州では、この他、e プライバシー指令（e-privacy directive, 2002/58/EC）の規則化が議論されています。この指令は、GDPR に対して特別法のような位置付けを有することから、電子通信に関わる部門では、今後の推移に注意が必要です。また、欧州人権条約（European Convention on Human Rights）においてプライバシーの権利（第 8 条第 1 項）が定められている他、欧州評議会第 108 条約（Convention for the Protection of Individuals with regard to Automatic Processing of. Personal Data）がデータ保護基本権に関する枠組みを規律しています。以下、GDPR

の特に特徴的な項目に絞った解説を加えていきます。

　GDPR では、第 4 条第 1 項で「『個人データ』とは、識別された自然人又は識別可能な自然人（『データ主体』）に関する情報を意味する。識別可能な自然人とは、特に、氏名、識別番号、位置データ、オンライン識別子のような識別子を参照することによって、又は、当該自然人の身体的、生理的、遺伝的、精神的、経済的、文化的若しくは社会的な同一性を示す一つ若しくは複数の要素を参照することによって、直接的又は間接的に、識別されうる者をいう。」と定義されており、これは我が国の個人情報保護法における個人情報よりも、文言上も広い概念になっています。また、個人データに含まれない情報についても、先に挙げた欧州人権条約第 8 条第 1 項の適用の可能性があることには留意が必要です。このことから、欧州におけるデータ保護の対象範囲は非常に広いと理解できるでしょう。

　先にも少し触れましたが、プライバシーコミッショナーと呼ばれる制度についても理解が必要になります。EU 各加盟国は、パーソナルデータの十分な保護レベルを達成するために、1 以上の独立監督機関を設けるよう義務付けられています（GDPR 第 51 条）。GDPR 第 52 条には監督機関の独立性が定められており、財政的にも独立性を有しています。また、プライバシーコミッショナーには、GDPR の監督及び確実な運用（苦情処理、調査等）、年次活動報告の作成に加えて、調査や提訴・制裁の権限が与えられています。特に制裁については、データ保護指令から上限が大幅に引き上げられたことが注目されました。その金額は、最高で 2000 万ユーロ又は前年度売上の 4% のうちいずれか大きい方とされており、事業者にとっては経営が立ち行かなくなる位の金額になっています。

　このように、欧州のデータ保護制度は、GDPR によってオムニバス方式の強化を進めた結果、非常に体系的で強力な権限を集中させた仕組みになっていることがわかると思います。このため、後述のように、欧州のデータ保護の仕組みが世界的に注目されるようになってきています。

（3）米国のデータ保護体制

　米国では、セクトラル方式をとっているため、分野横断的なデータ保護制度が設けられていません。また、一部の具体的な分野を除いて、該当する制度がないということもあり、米国のデータ保護は自主規制といわれることもあります。統一的なデータ保護制度の必要性は認識されつつあり、2012 年のオバマ政権時代に消費者プライバシー権利章典（Consumer Privacy Bill of Rights）が提案されましたが成立には至っていません。また、その後も同様の法案が議論されています。2022 年 6 月 3 日は、米国下院エネルギー・商業委員会のフランク・パロン委員長他が American Data Privacy and Protection Act（ADP-PA）草案を公表し、議論が行われています。

　消費者プライバシー権利章典では、パーソナルデータに関して、以下のように定義されているなど、広めにとられていました。

　パーソナルデータとは、対象事業者の管理するあらゆるデータで、一般に公衆には適法に入手可能でなく、対象事業者により、特定の個人にリンクし（linked）、若しくは実務上リンクしうる（linkable）もの、又は個人に関連する若しくは個人が日常利用する機器にリンクしたデータをいい、以下を含むがこれらに限られない。
- 名前（イニシャル）及び姓
- 住所、電子メールアドレス
- 電話番号、ファックス番号
- 社会保障番号、税・パスポート・運転免許証の番号、政府発行の独自の ID 番号
- 生体認証識別子（指紋、声紋等）
- 口座番号、クレジットカード番号、車両識別番号、アクセスコード、パスワード等
- PC、通信機器の MAC アドレス　　　等

（著者訳）

　統合的なデータ保護に関する制度が設けられていない一方で、米国では、データ保護の一部がFTC法（Federal Trade Commission Act of 1914）の第5条でカバーされています。同条には「不公正な競争方法（unfair methods of competition）の禁止及び不公正・欺瞞的な行為又は慣行（unfair or deceptive acts or practices）の禁止」が定められています。不公正・欺瞞的な行為又は慣行（unfair or deceptive acts or practices）については、FTCは消費者保護行政も所管しています。これが、FTCがデータ保護を所管する根拠となっています。すなわち、企業によるデータ利活用が消費者にとって「不公正・欺瞞的な行為又は慣行」とみなされるような場合に、FTCはこのような企業に関する執行権限を有することになります。この執行権限により、FTCはEUにおけるコミッショナーの役割を担っているという見方もできますが、FTCは連邦政府の一機関であって、コミッショナーとして必要な政府からの独立性が十分に担保されていないという側面もあります。しかしながら、データ保護におけるFTCの法執行実績は、EU諸国における法執行実績よりも多く、実態としては強力な法執行体制のもとで厳正な制度運用がなされています。日本では、欧州に比べ米国の規制は緩いといわれることがありますが、上記に留意が必要です。

　米国では、この他、各州における立法の動きについても注意が必要です。2022年7月7日現在、33の州でプライバシーに関する何らかの法案の議論が行われ、このうち五つの州では既に州法が成立しています。これらのなかで最も早く議論が行われ、成立、有効となっているのがCalifornia Consumer Privacy Act（CCPA）（CaCPAと略されることもあります。）です。CCPAは、カリフォルニア州議会において2018年6月28日に可決・成立し、2020年1月1日から施行されました。CCPAは一定の要件を満たす事業者に適用されることから、カリフォルニア州あるいは米国内に限らず、日本も含めた世界の事業者が注目しています。CCPAの特徴としては、Personal Dataの定義は広めにとられています。例えば、オンライン識別子やIPアドレスなどに加えて、音声・電子・視覚・温度・嗅覚その他の類似の情報が含まれるとされており、IoTデータなどが対象となる可能性が高いことや透明性の確保・利用目的の制限を課した上で、開示に関する請求の権利、消去を求める権利、第三者提供の

同意手続、差別の禁止、個人情報取得時のインセンティブに関する通知等が定められていることが挙げられます。

　さらに、カリフォルニア州では、CCPA の改正法となる California Privacy Rights Act（CPRA）が 2023 年 1 月 1 日から適用開始され、当局による執行は 2023 年 7 月 1 日以降となる予定です。CPRA は CCPA を修正・拡張するもので、消費者に消費者の権利を与え、消費者の個人情報を処理する事業者に義務を負わせます。CPRA では労働組合への加入状況がセンシティブな個人情報とされている他、従業員・求職者等に対して CCPA/CPRA 上の権利を行使したことを理由として報復行為を行うことが禁止されている等、HR テクノロジーを考える上でも重要な項目が含まれています。

　この CCPA の動きは、単にカリフォルニア州ローカルという以上に影響がありそうです。さきに紹介した 33 の州のうち、いくつかの州（ハワイ州、メリーランド州等）では、CCPA をモデルにした州法の整備が行われています。一方で、いくつかの州では、CCPA とは異なった方向性の州法が示されています（ニューヨーク州等）。いずれにしても、他の州においてもプライバシー保護のための州法の整備が進んでいることは間違いありません。また、米国内における Data security breach notification law（データ漏洩に関する通知を事業者に義務付ける法律）の整備を巡る過去の経緯があります。2002 年にカリフォルニア州で California data security breach notification law が制定された後、他の州においても同様の州法の制定が進みました。現在では、連邦法としては、この種の規制が存在しないものの、同様の規定を持った州法が全米 50 州で整備されており、実質的に米国の全土でデータ漏洩通知に関する規制が存在するような状態にあります。このような理由から、CCPA がカリフォルニア州ローカルな規制であり、限定的なものになるとは考えにくく、今後、米国の各州で同様の議論が広がることが予想されます。

（4）その他：データローカライゼーション

　現在の各国でのデータ保護法制の源泉の一つである、1980 年に OECD で採択された「プライバシー保護と個人データの国際流通についてのガイドライ

ン」においては、パーソナルデータに適切な保護を施した上で国境を超えた自由なデータの流通が想定されていました。しかしながら、アメリカ同時多発テロ以降、特に、治安上の懸念等から、越境データ流通を妨げる法規制が取られるケースが出てきています。OECD非加盟国（特に、旧共産圏諸国）において、特に懸念される動きは【図表7-1】のとおりです。共産圏以外でも、ブラジル・インドといった地域大国の動向には留意が必要です。

【図表7-1　データローカライゼーションに関連した諸外国の動き】

国・地域	内容
ロシア	➤ ロシア人のパーソナルデータはロシア国内に保存、データ処理はロシア国内で行わなければならない。 ➤ ロシアで提供されるITサービスは、サーバにデータを6か月保持しなければならない。当局がいつでも監視できる技術を導入することを認めなければならない。
中国	➤ 中華人民共和国サイバーセキュリティー法。 ➤ 反テロ法による、越境データ流通の制限。 ➤ ソースコードの届出。
ベトナム	➤ サーバの現地化。 ➤ 官公庁向けのITサービスの提供元はベトナム人・ベトナム法人に限定。

(5) 今後の世界的なデータ保護の潮流

2018年10月に開催された40th International Conference of Data Protection and Privacy Commissioners（ICDPPC 2018）では、Appleのティム・クック CEO が「GDPRと同水準の連邦法を望む」という趣旨の発言を行い、このことは翌日のFinancial Timesの一面を飾りました。またICDPPC2019では、Microsoft社Presidentで最高法務責任者のブラッド・スミス氏による「ベースラインとなる法制度が必要」というプレゼンテーションが行われました。2019年2月には、全米商工会議所（United States Chamber of Commerce）が「Urges Congress to Pass a Federal Privacy Law（連邦プライバシー法の成

立を議会に要請)」として、Model Privacy Legislation（モデルプライバシー法）を公開しました。また、2019 年 8 月には U.S. Chamber Institute for Legal Reform と連名で、司法長官が主催する公開討論向けに意見を公表しています。それによれば、「商工会議所は、消費者のプライバシーの重要性を認識しており、このため、消費者に対するリスクに基づいてプライバシーを保護し、透明性を促進し、政府と民間の利害関係者の間の協力を通じてイノベーションを促進する全国的なプライバシーの枠組みを含むモデルプライバシー法を発表した。利用者が引き続き規制を採択し、議会が CCPA に対応して更なる行動を追求するなか、商工会議所は、利用者とビジネスの両方にとってより確実性を高めるために、モデル立法によって支持された原則を考慮することを求める。」（筆者意訳）とされています。加えて、2020 年 1 月のロサンゼルスタイムズ紙の報道によれば、米国商工会議所の CEO であるトム・ドナヒュー氏が年初の声明のなかで、連邦議会に対して立法府の行き詰まりを解消し、プライバシー関連法案を可決するように求めているそうです。同氏は、連邦法によって州法を上書きすることで、事業者の一貫した遵守を可能にし、保護を全米に拡大するという下院の主張を支持しており、また、米国政府がデータプライバシーの議論を進展させることができないため、規制がつぎはぎ状態になり、商品やサービスの自由な流通が妨げられると懸念を表明しています。そして、同声明において、準拠すべき 50 個もの規制がある状態での企業運営を想像できるか、という問題提起がなされています。このように、米国では連邦法の成立、しかも GDPR 型の制度を望む声が高まっています。この背景には、GAFA をはじめとしたグローバル企業は既に GDPR 対応を済ませているため、世界共通の規制が導入される方が対応にコストがかからないという点もあるかと思われます。米国においてこのような動きがあるなかで、世界的なデータ保護の潮流がどのようになるかをよく見極める必要が生じてきています。そのなかで、GDPR は一つの鍵となりそうです。そのため、本章では、繰り返しになりますが、特に GDPR に注目した解説を行っていきます。

2　国際的な人事データ活用の課題：GDPR の示唆

（1）人事データに対する規制：行動監視とプロファイリング

　GDPR において、特に人事データのみを対象とした規制は設けられていませんが、人事目的でデータを取り扱う場合に留意するべき点はいくつかあります。

　まず、GDPR においては、「処理（第 4 条第 2 項）」が定義されています。この処理に該当する場合、処理を行おうとする者に、GDPR が適用されます。人事データの処理にあたっては、特に「行動監視（前文 24）」及び「プロファイリング（第 4 条第 4 項）」の視点で重要になります。行動監視は「欧州連合内で設立されたのではない管理者又は処理者によってなされる欧州連合内のデータ主体の個人データの処理は、そのようなデータ主体の行動を監視することに関連する場合には、その行動が欧州連合内で発生するものである限り、この規則に従わなければならない。その処理行為がデータ主体の行動の監視として考えることができるか否かを判断するためには、とりわけ、彼若しくは彼女に関連する判断をするため、又は、彼若しくは彼女の個人としての嗜好、行動及び傾向の解析・予測をするために、自然人のプロファイリングをする個人データ処理技術が後に使用される可能性を含め、自然人がインターネット上で追跡されているかどうかについて確認しなければならない。」とされており、プロファイリングは「自然人と関連する一定の人格的側面を評価するために、とりわけ、当該自然人の業務遂行能力、経済状態、健康、個人的嗜好、興味関心、信頼性、行動、位置及び移動に関する側面を分析又は予測するために、個人データの利用によって構成される全ての形態の個人データの自動的な処理を意味する。」と定義されています。人事データの取扱いの多くはこのようなプロファイリングに該当する可能性が高く、この場合、GDPR 第 22 条の規定が適用されます。同条は「データ主体は、自分に対する法的影響を生じ得たり、自分に対する多大な影響を生じ得るような、プロファイリングを含む自動処理のみに基づいた判断の対象にならない権利を有する。」とデータ主体の権利を定めて

います。関連する前文 71 では「データ主体は、人間が介在しない与信申込みの自動的な拒否又は電子リクルート活動のような、自動的な取扱いのみに基づき、かつ、当該データ主体に関する法的効果を発生させ、又はデータ主体に対して同様の重大な影響を及ぼす、データ主体に関する個人的側面を評価する決定の対象とされない権利を有する。その決定は、措置を含みうる。そのような取扱いは、それが、データ主体に関して法的効果を発生させ、又は、データ主体に対して同様の重大な影響を及ぼす場合、特に、データ主体の業務遂行能力、経済状態、健康、個人的な嗜好、興味、信頼性、行動、位置若しくは移動に関する側面を分析又は予測するために、自然人に関する個人的側面を評価する個人データの何らかの形式の自動的な取扱いで構成される『プロファイリング』を含める。ただし、プロファイリングを含め、そのような取扱いに基づく決定は、EU の機関又は国内監視機関の規則、基準及び勧告に従って行われる不正行為及び脱税の監視及び防止のため、並びに、管理者によって提供されるサービスの安全性及び信頼性を確保するため、管理者が服する EU 法又は加盟国の国内法によって明確に承認される場合、データ主体と管理者との間で契約を締結し、若しくは、それを履行するために必要な場合、又はデータ主体が明示の同意を与えた場合において認められるものとしなければならない。いずれの場合においても、そのような取扱いは、適切な保護措置に服するものとしなければならず、その保護措置は、データ主体に対する特別の情報提供、人間の介在を得る権利、当該データ主体の見解を表明する権利、そのような評価の後に到達した決定について説明を受ける権利、そして、その決定に対して異議を述べる権利を含むものでなければならない。そのような措置は、子どもと関係するものであってはならない。データ主体に関する公正かつ透明性のある取扱いを確保するために、その個人データが取扱われる具体的な状況及び過程を考慮に入れた上で、管理者は、プロファイリングのための適切な数学的又は統計的な手順を使用し、かつ、特に、個人データに不正確さをもたらす要素が補正され、エラーのリスクをミニマム化されることを確保し、データ主体の利益及び権利に含まれる潜在的なリスクを考慮に入れる態様で、そして、特に、自然人に対して、人種的若しくは民族的な出自、政治的な意見、信教若しくは信条、労働組合への加入、遺伝子の状態若しくは健康状態又は性的指向に基づく差別的効

果が生ずることを避ける態様で、又は、措置がそのような効果を帰結すること
を避ける態様で、個人データを保護するための適切な技術上及び組織上の手段
を実装しなければならない。特別な種類の個人データに基づく自動的な意思決
定及びプロファイリングは、特定の条件に基づく場合においてのみ認められ
る。」とされています。

(2) データそのものの性質：特別類型

もう一つの留意すべき点として、データそのものの性質があります。GDPR
第9条第1項には特別類型での個人データの処理が「民族的若しくは社会的な
出自、政治的意見、宗教上若しくは思想上の信条又は労働組合への加入を明ら
かにする個人データの処理、並びに、遺伝子データ、自然人をユニークに識別
することを目的とする生体データ及び自然人の健康又は性生活若しくは性的傾
向性に関するデータの処理は、禁止」と定められています。つまり、特別類型
に該当するデータは原則として処理が禁止されているかということになります。
この適用除外が同条2項に定められており、それらは、以下とされています。

- データ主体が明確な同意を与えた場合
- 雇用保険及び社会保障並びに社会保障法の分野における利用
- データ主体の生存の利益又は他の自然人の生存の利益を保護するために処
  理が必要となる場合
- 政治、哲学、宗教又は労働組合の目的による財団、団体その他の非営利組
  織による適切な安全性確保措置を具備する適法な活動の過程
- データ主体によって明白に公開のものとされた場合
- 裁判手続上処理が必要となる場合
- 法律に基づき、重要な公共の利益を理由とする処理が必要となる場合
- 法律に基づき、医療上の役務提供に必要な場合
- 法律に基づき、公衆衛生上必要な場合
- 法律に基づき、アーカイブ、調査を目的とする場合

　また、第 9 条第 4 項では、遺伝子データ、生体データ又は健康に関するデータに関しては、構成国において独自の立法や追加的措置を行うことを認めています。各国において上乗せ横出しの規定が設けられる可能性があることには留意が必要です。

3　HR テクノロジーとデータ活用の在り方

(1)　適法性の担保 1 : 説明責任の担保と処理の根拠

　それでは、HR テクノロジーにおいてパーソナルデータを活用する上では、どのような視点が必要でしょうか。GDPR を参考にしつつ、必要な視点について整理していきたいと思います。
　【図表 7–2】は、GDPR で求められる説明責任についてまとめたものです。個人データの管理者は、これらの項目について責任があり、同項の遵守を説明することができなければならないという説明がなされています。HR テクノロジーにおいてデータを取り扱う場合は、【図表 7–2】の視点から、データ活用の環境を見直す必要があります。また、【図表 7–3】は、データを利用する上での処理の根拠についてまとめたものです。データの処理がどのような根拠に基づくものなのか、整理を行う必要があります。GDPR では、これらの根拠のうちいずれか一つを選択必要があり、重複することは許容されていません。個人の権利と記した部分は、選択した処理の根拠に応じて対応すべきものです。同意や契約を選択した場合には、これらの権利への対応をも検討する必要があります。加えて、データそのものが特別類型に該当する場合は、特別類型に関する整理も行う必要があります。
　これらの概要をまとめ、フロー化したものが【図表 7–4】です。このフローを参考にしながら、データ活用の環境そのものを見直してみてください。

(2)　適法性の担保 2 : データの棚卸しと DPIA

　以上のように、データ保護の国際的な規制と、その要点のうちデータを利用

【図表 7-2　GDPR 5 条における説明責任】

	概要
適法、公正及び透明性 5 条 1 項（A）	適法、公正及び透明性のある方法で個人データを処理すること。
目的の限定 5 条 1 項（B）	目的が特定されており、明確であり、かつ正当な理由のために収集され、それらの目的に適合しない方法で別の目的により処理されてはならない。
データのミニマム化 5 条 1 項（C）	個人データが処理される目的との関係において必要なものとして、十分であり、関連性があり、かつ、制限されたものでなければならない。
正確性 5 条 1 項（D）	個人データの内容が正確であり、かつ、それが必要な場合には最新の状態を維持しなければならない。処理の目的を踏まえて、遅滞なく、不正確な個人データが削除又は訂正されるための全ての手立てが講じられなければならない。
記録保存の制限 5 条 1 項（E）	個人データが処理される目的のために必要のなくなったデータ主体の識別ができるような方式を保たなければならない。処理の目的に必要な期間以上、データ主体の識別可能な状態で保管をしてはならない。
完全性及び機密性 5 条 1 項（F）	個人データが安全性を適切に確保する方法で処理されなければならない。

【図表 7-3　GDPR 6 条における処理の根拠と個人の権利】

適法な処理の根拠	個人の権利
（A）同意	削除、データポータビリティ
（B）契約	データポータビリティ
（C）法令上	
（D）生命の保護	
（E）公共の利益	
（F）正当な利益	

【図表 7-4　GDPR を基にした人事データ利用根拠の整理】

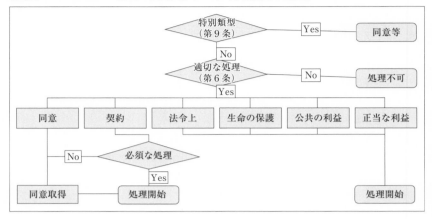

する環境におけるツールについて整理を行いました。最後に、これらのツール
を用いて行うべき内容について、もう少し補足を行いたいと思います。

　まず、先に紹介したツールを用いつつ、データの棚卸しを行うことをおすす
めします。データの棚卸しは二つの管理を伴います。一つ目は、包括的な利用
目的の管理を廃して、個別の利用目的に転換すること、加えて、主要な利用目
的と副次的利用目的を峻別することを通じて、利用目的に対応したデータ管理
を行うことです。従来の利用目的管理は包括的なものが多く行われており、実
務における契約関係等との適切な対応関係を有していない場合もあります。最
低限、このような契約関係等と過不足なく対応関係を有する利用目的の管理を
行うことが必要です。二つ目は、多次元的な処理の法的根拠及び利用目的の管
理を行うことです。多様なデータの利活用が進展するなかで、一つのデータが
複数の法的根拠や利用目的を持つ可能性が生じてきています。データの利活用
においては、複数のデータが組み合わされて利用されることも多く、多次元管
理を前提としたシステム設計が今後は求められてきます。以上のような管理を、
著者はデータの棚卸しと呼んでおり、今後はこのような管理がますます重要に
なってくると考えています。

　このデータの棚卸しを行った上で、データ保護影響評価（Data Protection

Impact Assessment, DPIA）を行う必要があります。DPIA（GDPR 第 35 条、第 36 条）は、特定の類型に属する処理（特に新たな技術が用いられる処理）が自然人の権利及び自由に対して高度のリスクが生じる恐れがある場合に、実施する必要があります。管理者は処理の前に、予定しているパーソナルデータの処理に関する影響評価を行われければなりません。DPIA は以下のような場合に実施が必要で、HR テクノロジーにおいてデータを活用する場合も含まれることが予想されます。

➤　評価又はスコアリング（プロファインリング等、前文 71 と 91 関連）
➤　法的あるいは法的類似の効果を及ぼす自動的な意思決定（GDPR 第 35 条 3a 関連）
➤　組織的な監視（GDPR 第 35 条 3c 関連）
➤　センシティブデータ（GDPR 第 9 条関連）
➤　大規模なデータ処理（前文 91 関連）
➤　照合あるいは結合されたデータセット
➤　革新的な利用、技術的の適用、あるいは組織的な解決手段（GDPR 第 35 条 1、前文 89、91 関連）
➤　U 域外への越境データ移転（前文 116 関連）
➤　当該処理が「データ主体が権利行使、サービス利用、あるいは契約を行うことを妨げる」場合（GDPR 第 22 条、前文 91 関連）

なお、DPIA とプライバシー影響評価（Privacy Impact Assessment, PIA）が混同されることがありますが、これら二つは異なったものであり注意が必要です。

コラム：データ保護責任者（DPO）とプライバシー影響評価（PIA）

　事業者は、個人情報を取り扱うときは、個人情報保護法を遵守する必要がある他、個人情報保護のための自主的な取組みを率先して行うことが望まれます。こ

の自主的取組みの代表例として、データ保護責任者（DPO）の設置やプライバシー影響評価（PIA）の実施が挙げられます（注1）。

　また、欧州連合（EU）域内（注2）に拠点を有している場合や、拠点がなくても、EU 域内にいる者に対して商品やサービスを提供している場合、EU 域内の本人の行動をモニタリングしている場合等においては、GDPR の適用を受ける可能性があるところ、GDPR においては、一定の場合に、DPO の設置（GDPR 第37条）や DPIA の実施（GDPR 第35条）が求められています（本章本文参照）。

　以下では、DPO の設置や PIA の実施について、その概要を紹介します。

（1）DPO の設置

　DPO（Data Protection Officer）について、日本では統一的な定義はありませんが、個人情報保護に関する法制度及び実務について専門知識を有する者を指名し、事業活動における個人情報の取扱いを監視することを主たる役割とすることが一般的です。

　DPO を設置することにより、法令違反や個人情報の漏えい等が発生するリスクを低減するとともに、積極的に個人情報保護に取り組む企業であることを対外的に示すことができ、顧客等の信頼の獲得に繋がる効果があると考えられます。

　日本企業の多くは、既に個人データの取扱いに関する責任者を設置していますが（注3）、DPO については、単に責任者として位置付けるのみならず、その職務の遂行について一定の独立性を確保することが求められます（注4）。

　DPO の職務（注5）は、企業の規模や取り扱う個人データの量、性質等に応じて検討する必要があります。例えば、企業が行う事業活動における法令や社内規程の遵守状況を監視することの他、個人情報を取り扱う部署及び従業員に対して助言、訓練等を行うこと、後述する PIA の実施に際して助言や監視を行うこと、監督機関との協力、連絡等の役割を担うこと等が考えられます。

　DPO の指名について、その独立性を確保しつつ、当該企業の役員や従業員とすることも考えられますが、専門家としての資質、特に、個人情報保護に関する法制度や実務についての専門知識や、十分な職務遂行能力を有することが求められることから、個人情報保護制度に精通した外部の学識経験者や弁護士等を起用することも考えられます。

（2）PIA の実施

　PIA（Privacy Impact Assessment）とは、一般的に、個人情報等の収集を伴う事業の開始や変更の際に、プライバシー等の個人の権利利益の侵害リスクを低減・回避するために、事前に影響を評価するリスク管理手法のことをいいます（注6）。

　PIA の実施について、日本の法令は義務付けていませんが、日本産業規格である JIS Q 15001 において、個人情報保護マネジメントシステムの要求事項として規定されています。

　PIA を実施することにより、次のような効果があると考えられています。

①　消費者をはじめとする利害関係者からの信頼性の獲得
　　法令遵守やリスクを低減するために適切な対応を実施した旨の証明となり、社会的な信用を得ることに資する。また、結果の公表等により、説明責任を果たし透明性を高め、消費者・事業者間の情報の非対称性の解消にも資する。
②　事業のトータルコストの削減
　　多額のシステム投資や事業の中止を決定する前に、必要な対応が可能となる。結果として、事業のトータルでのコスト負担が抑制される。
③　従業者の教育を含む事業者のガバナンスの向上
　　従業者が自覚を持つとともに、経営層も個人情報等の取扱状況等を把握することで、ガバナンスが向上する。

　PIA の実施手法は、事業の規模、性質や個人情報等の内容等によって様々であり、事業者自身において最適な手法を考慮する必要がありますが、一般的には、次のようなプロセスを経るものとされています。

①　準備
　　PIA を実施するかどうかの検討後、体制整備や個人情報等のフローの確認等の多角的かつ幅広い情報収集・整理を行う。
②　リスクの特定・評価
　　上記①の準備をもとに、評価者が個人情報等の取扱いに係るリスクを具体的に特定・評価し、重大なリスクや対応を要する事項を洗い出す。
③　リスクの低減
　　上記②で評価者が特定・評価したリスクを低減するための具体的な対策・計

画を設計者等が策定し、実効する。

(注 1) 個人情報保護委員会「個人情報保護法 いわゆる 3 年ごと見直し 制度改正大綱」
（令和元年 12 月 13 日）第 1 章、第 3 章第 3 節 2（2）及び（3）参照。

(注 2) 正確には、EU を含む欧州経済領域（EEA）を指します。以下、本文において同じ。

(注 3) 個人情報保護委員会ウェブサイトで公表されている株式会社アズコムデータセキュリティ「個人データの取扱いに関する責任者等についての実態調査報告書」（令和 3 年 3 月）Ⅱ問 6 によれば、回答企業の 88.6% が個人データの取扱いに関する責任者を設置しています。

(注 4) 例えば、GDPR では、DPO が職務の遂行に関していかなる指図も受けないことを確実にしなければならず、職務の遂行に関して解任され、又は罰則を受けることがあってはならないとされており、最高経営者レベルに対して直接報告することができる地位を与えることとされています（GDPR 第 38 条第 3 項）。また、その職務及び義務が利益相反とならないことを確保しなければならないとされています（同条第 4 項）。

(注 5) GDPR に基づく DPO の職務については、GDPR 第 39 条を参照してください。

(注 6) 個人情報保護委員会「PIA の取組の促進について──PIA の意義と実施手順に沿った留意点──」（2021 年 6 月 30 日）Ⅰの 1。

確認問題

問題 1 データ保護に関しては、国際的な条約の締結が進められており、これをよく参照する必要がある。

　解答 ×

　解説 データ保護に関しては各国で異なる規制が設けられていることから、注意が必要です。一方で、近年は国際調和に向けたが議論が進められています。

問題 2 欧州では、データ保護は人権とされているが、パーソナルデータの活用はビジネスにおいて欠かせないものであるから、ビジネスの性質や様態に鑑みて、そのデータの利活用についての規制が明文により承認されている。

解答 ×

解説 特に欧州では、欧州連合基本権憲章で、データ保護を重要な人権の一つと位置付けています。このような人権の問題については、交渉の余地はないため、まずデータ保護が十分に行われる必要があります。財産的権利との比較衡量の余地はほとんどないといえます。

問題3 欧州では GDPR だけでなく、データ保護に関する特別法の整備が進められているため、これらの参照も必要である。

解答 ○

解説 eプライバシー規則をはじめとした特別法の整備が進められています。HR テクノロジーに関しても、今後、特別法が整備される可能性があるため、注意が必要です。

問題4 米国ではオバマ政権時代に連邦法レベルで統一的な消費者プライバシー権利章典が成立し、今日の米国のデータ保護を担っている。

解答 ×

解説 オバマ政権で議論されていた消費者プライバシー権利章典は廃案となりました。現在、米国はセクトラル方式をとっているため、個別分野ごとの規制が設けられています。

問題5 米国ではセクトラル方式がとられているため統合的なデータ保護制度は設けられていない一方で、消費者保護制度がデータ保護において重要な役割を担っている。

解答 ○

解説 FTC法5条やデータ保護の重要な役割を担っています。その他の国や地域（日本や欧州を含む）においても、データ保護は消費者保護とも密接な関係を有しています。

問題6 アメリカ同時多発テロ以降、日米欧を含む各国はナショナルセキュリティの観点から、自国民のデータを自国内に保管することを進めている。

　|解答|　×

　|解説|　日米欧では、データの自由流通を前提とした制度設計が進められています。ナショナルセキュリティの観点からも PNR（Passengers Name Records、航空機の搭乗員名簿）の共有などが行われています。一方で、ロシアや中国では、データローカライゼーションと呼ばれる、このような動きが進んでいます。

|問題7|　GDPR は、それを遵守しなければならない事業者のみならず、各国のデータ保護制度にも影響を与えている。

　|解答|　○

　|解説|　一例として、米国における連邦法の成立を求める動きを紹介しました。各国における法令対応のコストを考えても、このような動きが各国で進められることが今後予想されます。

|問題8|　GDPR において、人事データの利用はそのデータの性質から行動監視やプロファイリングに当たる可能性がある。

　|解答|　○

　|解説|　HR テクノロジーを用いた人事データの利用は行動監視やプロファイリングに当たる可能性が高いといえます。一方で、HR テクノロジーを専ら人の作業を補助する役割で用いる場合は、直ちに GDPR 上の行動監視やプロファイリングとみなされるわけではありません。業務の効率化を達成するための一手段として、HR テクノロジーが導入される余地は残されています。HR テクノロジーの結果のみに依存して判断が行われないような注意が必要です。それ以外の検討の余地が残されます。

|問題9|　GDPR において、雇用契約がある場合、業務上どうしても必要なデータについては、特別類型に当たるデータであっても本人の同意なしに活用することができる。

　|解答|　×

　|解説|　特別類型のデータに当たる場合には、本人の同意その他の根拠に基づいてのみ、利用することができます。

問題 10　GDPR において、雇用契約がある場合には、本人からの同意を得なくても個人データ（ただし、特別類型に該当する場合は除く）を利用することができる。

解答　○
解説　雇用契約を処理の根拠とすることができます。一方で、雇用契約に必要な個人データの範囲がどこまでなのかについては検討の必要があります。雇用契約では当事者間の関係性が対等だとはみなされないため、雇用主が雇用者に不必要なデータの提供を強要するような場合は、適正な処理の根拠とはなりません。

問題 11　GDPR においては、契約がある場合でも、念のため同意を得ておく方が望ましいとされている。

解答　×
解説　処理の根拠は一つだけに限定する必要があります。契約があったにもかかわらず同意を取得したような場合には、同意が処理の根拠となります。この場合、契約を処理の根拠とするか、同意を処理の根拠とするかで、本人が削除権を行使できるかどうかの違いが出てきます。

問題 12　GDPR においては、利用目的の特定は大まかで構わず、利用目的の解釈に幅が生じることも認められている。

解答　×
解説　利用目的はできるだけ特定する必要があります。

問題 13　一つのデータに複数の利用目的が生じている場合、利用目的を決定した順番に応じて、データ主体の権利の適用可否を検討する。

解答　×
解説　一つのデータに複数の利用目的が生じることは、データ主体の権利の行使を妨げるものではありません。仮にデータが利用目的ごとに管理されていなかった場合、一方の利用目的へ停止の請求や削除の請求があった場合に、もう一方の利用目的へ影響を及ぼす可能性があります。このため、データは利用目

的ごとに管理を行う必要があります。

問題 14　GDPR においては、HR テクノロジーでデータの利活用を行う場合に、DPIA の実施を検討する必要がある。

解答　○
解説　プロファイリングや大規模処理に当たる可能性が高いため、DPIA の実施要否を検討する必要があります。

問題 15　DPIA と PIA は実質的に同等のものであり、ISO に基づいて PIA を実施しているので、この結果を DPIA の結果として置き換えることができる。

解答　×
解説　DPIA と PIA は異なるものです。既に PIA を実施している場合であっても、DPIA が必要な場合には、適切な DPIA の実施を検討する必要があります。

人事データ利活用原則

令和 2 年 3 月 19 日制定
令和 4 年 4 月 30 日改定
一般社団法人ピープルアナリティクス&HR テクノロジー協会

【前文】

　当協会は、「ピープル・アナリティクス」や「HR テクノロジー」の利活用が促進されるためには、「ピープル・アナリティクス」や「HR テクノロジー」、とりわけその際の人事データの利活用において、十分にプライバシー、人間としての尊厳、その他の権利利益が尊重されることが前提となり、それによってはじめて社会にこれらの新しい技術が受容されるものと考える。そこで、社会に受け入れられる「ピープル・アナリティクス」や「HR テクノロジー」の姿をチェックリストとして示すための、人事データ利活用原則を制定することとする。

　人事データ利活用原則は、個人情報の保護に関する法律（以下「個人情報保護法」又は「法」という。）における「個人情報」（法 2 条 1 項）のうち、従業員等に関連するデータ（以下「人事データ」という。）を対象として想定している。当協会は、人的資本情報の可視化・開示、プロファイリング等を始めとする様々な人事データの利活用に関して、以下の 9 原則を提言する。これらの諸原則は事業者がピープル・アナリティクスを行う、あるいは HR テクノロジーを導入する際に社会的・倫理的責任を果たす上で参照すべきチェックリストとして機能することが期待されるものである。

　人事データ利活用原則は公表時点において想定される人事データの利用を踏まえたものに過ぎず、実務においての実現可能性やデータ利活用技術の加速度的な進化に合わせて、当協会は本原則を必要に応じて見直し及び変更をしていく予定である。また、事業者も、将来の状況の変化に伴い、人事データ利活用原則の趣旨に照らして、不断にプラクティスを見直すと共に、必要に応じて変更しなければならない。

【本文】

1　データ利活用による効用最大化の原則

　　✓　事業者は、ピープル・アナリティクス又は HR テクノロジーの導入の目的・動機・利益を明確にし、データを活用する側や評価する側だけでなく、被評

人事データ利活用原則

　　　　価者である入社希望者や従業員等に対して提供される利益・価値を明確にすることが望ましく、情報利活用によって、労使双方にとっての効用の最大化を図るように努めなければならない。

✓　人事データの利活用にあたっては、例えば匿名加工情報や仮名加工情報のように、データの利活用を促進する目的で個人情報保護法に設けられた諸制度を活用していくことも有用である。

2　目的明確化の原則

✓　ピープル・アナリティクス又は HR テクノロジーにおける人事データの利用目的を明確化し、利用目的の範囲内で使用しなければならず、当該利用目的は明示されなければならない。利用目的は、個別具体的に詳細な利用目的を列挙する必要まではないが、人事データがどのような事業の用に供され、どのような目的で利用されるかが従業員等にとって一般的かつ合理的に想定できる程度に具体的に特定されなければならない。そして、人事データから従業員等に関する行動・関心等の情報を分析する場合には、どのような取扱いが行われているかを本人が予測・想定できる程度に利用目的を特定しなければならない。なお、高度なプロファイリングによって、従業員等が想定しない方法でその人事データが利用される場合等には、①そもそもプロファイリングを実施しているか、②実施している場合に、いかなる種別・内容のプロファイリングを実施しているかの明示をすることが望ましい。

✓　企業におけるピープル・アナリティクス又は HR テクノロジーの導入は利用目的の変更に該当しうるため、従前の利用目的の範囲内か（法 17 条 1 項）、変更前の利用目的と関連性を有すると合理的に認められる利用目的の変更（法 17 条 2 項）が可能かを検討しなければならない。また、併せて就業規則、個人情報保護規程等の改訂の要否を検討しなければならない。

3　利用制限の原則

✓　利用目的の範囲を超えた利用を行う場合、予めの本人の同意（法 18 条 1 項）を取得しなければならない。

✓　プロファイリング結果の第三者提供の際の同意取得手続、警察等の国家機関からプロファイリング結果を求められた場合の対応方法など具体的な事例を想定して、対応方法を予め定めておかなければならない。

✓　Cookie やインターネットの閲覧履歴等の個人関連情報は、採用候補者等の

172

プロファイリングに用いることも考えられるところ、個人関連情報取扱事業者がこのような個人関連情報（個人関連情報データベースを構成するものに限る。）を第三者に提供する際に、提供先において個人データとして取得することが想定されるときは、原則として、個人データとして取得することを認める旨の本人の同意が得られていることを確認しなければならない（法31条1項）。

✓ 違法又は不当な行為を助長し、又は誘発するおそれがある方法により個人情報を利用してはならない（法19条）。具体的には、プロファイリングの目的や得られた結果の利用方法等を踏まえて個別の事案ごとにプロファイリング利用の可否を判断しなければならず、プロファイリング実施時点において事業者の業務において要求される一般的な注意力をもってプロファイリング利用の可否を個別的に判断しなければならない。人種、信条、性別、社会的身分又は門地等に基づく差別的プロファイリングになっていないかについては、特に留意する必要がある。

4 適正取得原則

✓ 偽りその他不正の手段により個人情報を取得してはならず（法20条1項）、また、法定された場合を除き本人の人種、信条、社会的身分等の「要配慮個人情報」（法2条3項）を本人の同意なくして取得してはならない（法20条2項）。

✓ プロファイリングにより、非要配慮個人情報から要配慮個人情報に該当する情報を推知することは、少なくともピープル・アナリティクス又はHRテクノロジーの分野においては、要配慮個人情報保護の取得に準じた措置を講じるべきである。

✓ 求職者等の個人情報については、職業紹介事業に係る指針において、職業紹介事業者等（労働者の募集を行う者も含む。）は、原則として、①人種、民族、社会的身分、門地、本籍、出生地その他社会的差別の原因となるおそれのある事項、②思想及び信条、③労働組合への加入状況を収集してはならないとされているところ（令和3年厚生労働省告示第162号）、プロファイリングにより、これらの情報を推知することも「収集」と同視すべきである。

✓ 事業者が本人以外の第三者から人事データの提供を受ける場合、適法かつ公正な手段によらなければならない。この場合、適法性・公正性を担保する措置として、具体的には主として本人の同意の下における収集が想定されるが、

人事データ利活用原則

その他の適法性・公正性の担保措置（本人同意を得ることが不可能又は不適当である理由の特定、従業員等に対する利用目的の特定・明示、実施責任者及び権限の設定・明示、社内規程案の策定・周知、実施状況の監査・確認、安全管理措置の確立、データ提供元の法の遵守状況の確認等）を検討することも考えられる。

5　正確性、最新性、公平性原則
　　✓　事業者が人事データに対しプロファイリング等の処理を実施する場合、元データ及び処理結果双方の正確性及び最新性が確保されるように努めなければならない。例えば、元データにバイアスがかかっていて、当該バイアスが承継される結果、処理結果の不正確性等を回避する必要がある。
　　✓　このようなデータセットの偏向が、バイアス承継のみならず、公平性にも影響することから、事業者は、プロファイリングに用いるデータセットについて、特定のデータセットの偏向による過少代表又は過大代表が発生していないかをチェックし、可能な限りデータセットの公平性を保たなければならない。

6　セキュリティ確保の原則
　　✓　事業者がプロファイリングを実施する際は、プロファイリング結果の漏洩、滅失、毀損によって本人の被る権利利益の侵害の程度を考慮し、リスクに応じた安全管理措置を実施しなければならない。また、安全管理措置の一環として、匿名化・仮名化処理を実施することにより、本人に対するプライバシー・インパクトを低減させるための方策を採ることができるかを検討するように努めなければならない。
　　✓　特に健康情報（心身の状態に関する情報）等については、推知情報も含め、取扱い範囲制限、情報の削除・加工等の措置を検討すべきである。

7　アカウンタビリティの原則
　　✓　事業者はプロファイリングを実施する際、プロファイリングの実施方針を公表し、組合、多数代表者等、労働者を代表する個人又は団体とプロファイリングについて協議することが望ましい。また、保有個人データの開示（第三者提供記録の開示も含む）、訂正等、利用停止等、第三者提供の停止、苦情処理の手続を整備しなければならない。

✓　上記2のとおり、高度なプロファイリングによって、従業員等が想定しない
方法でその人事データが利用される場合等には、プロファイリングの対象者
に対し、①そもそもプロファイリングを実施しているか、②実施している場
合に、いかなる種別・内容のプロファイリングを実施しているかの明示をす
ることが望ましいところ、例えば、事業者が採用時や従業員の評価にプロフ
ァイリングを用いる場合、予めその説明の内容と程度について検討すべきで
ある。事業者は、プロファイリングを用いて試用期間開始後の本採用拒否や
懲戒解雇を行う場合には、本採用拒否又は解雇の客観的に合理的理由を示さ
なければならない。

8　責任所在明確化の原則

✓　人事データを取り扱う際、グローバルに多極的に変化する情勢を的確に把握
し、適法かつ適正な個人の権利利益保護と利活用のバランスを実現する見地
から、ピープル・アナリティクスを専門に行う部署設立及び全社的な人事デ
ータ保護の観点に責任を持つデータプロテクションオフィサー等の役職者の
選任により責任の所在を明確にするなどの組織体制を確立する。具体的には、
①データ活用に関する責任の明確化、②専門部門による審査の厳格化、③デ
ータ利活用に関する判断基準やルールの整備を行い、部門間の垣根を越えた
利活用に関する審査、検討、設計及び運用を行わなければならない。

9　人間関与原則

✓　採用決定、人事評価、懲戒処分、解雇等にプロファイリングを伴うピープ
ル・アナリティクス又はHRテクノロジーを利用する際には、人間の関与の
要否を検討しなければならない。具体的には、ピープル・アナリティクス又
はHRテクノロジーを導入・利用する際の利用目的・利用態様について事前
に人間による大綱的な方針決定を行うと共に、事後的な完全自動意思決定に
対する不服申立てがあった場合に人間による再審査を行う方法などが想定さ
れ、最終的な責任の所在としての人間の存在を明確にし、アルゴリズムのブ
ラックボックス性による無責任なデータ活用観が回避されるよう運用されな
ければならない。

以上

判例索引

■最高裁判所
最 2 小判昭和 43 年 8 月 2 日民集 22 巻 8 号 1603 頁（西日本鉄道事件）···················56, 72
最大判昭和 48 年 12 月 12 日民集 27 巻 11 号 1536 頁（三菱樹脂事件）········23, 40, 42, 51, 52
最 3 小判昭和 50 年 2 月 25 日民集 29 巻 2 号 143 頁（自衛隊車両整備工場事件）···········95
最 2 小判昭和 54 年 7 月 20 日民集 33 巻 5 号 582 頁（大日本印刷事件）·····················40
最 3 小判昭和 59 年 4 月 10 日民集 38 巻 6 号 557 頁（川義事件）·····················95, 122
最 1 小判昭和 61 年 3 月 13 日労判 470 号 6 頁（電電公社帯広局事件）·····················108
最 2 小判昭和 61 年 7 月 14 日集民 148 号 281 頁（東亜ペイント事件）···············83, 89
最 2 小判平成 12 年 3 月 24 日民集 54 巻 3 号 1155 頁（電通事件）······················108
最 1 小判平成 13 年 4 月 26 日労判 804 号 15 頁（愛知県教育委員会事件）···············108
最 1 小判平成 20 年 3 月 6 日民集 62 巻 3 号 665 頁（住基ネット訴訟）························8
最大判平成 20 年 6 月 4 日民集 62 巻 6 号 1367 頁 ···································12
最大判平成 25 年 9 月 4 日民集 67 巻 6 号 1320 頁 ···································12
最 2 小判平成 26 年 3 月 24 日労判 1094 号 22 頁（東芝（うつ病・解雇）事件）···101, 109, 123

■高等裁判所
東京高判昭和 50 年 11 月 22 日判時 815 号 87 頁·····························23, 44, 52
大阪高判平成 9 年 11 月 25 日労判 729 号 39 頁（光洋精工事件）·····················81
広島高判平成 13 年 5 月 23 日労判 811 号 21 頁（マナック事件）·····················81
大阪高判平成 17 年 1 月 25 日労判 890 号 27 頁（日本レストランシステム事件）········84
大阪高判平成 18 年 4 月 14 日労判 915 号 60 頁（ネスレ日本事件）·····················84
東京高判平成 25 年 4 月 24 日労判 1074 号 75 頁（ブルームバーグ・エル・ピー事件）···134,
144
福岡高判平成 27 年 1 月 15 日労判 1115 号 23 頁（西日本鉄道〔B 自動車営業所〕事件）···82
福岡高判平成 27 年 1 月 29 日判時 2251 号 57 頁（社会医療法人天神会事件）···············104
名古屋高判平成 28 年 6 月 29 日判時 2307 号 129 頁 ······························61

■地方裁判所
東京地判昭和 39 年 9 月 28 日下民集 15 巻 9 号 2317 頁（「宴のあと」事件）···················7
東京地決平成 4 年 6 月 23 日判時 1439 号 151 頁（朝日火災海上保険〔木更津営業所〕事件）
···83
東京地決平成 7 年 3 月 31 日労判 680 号 75 頁（マリンクロットメディカル事件）········83
静岡地判平成 9 年 6 月 20 日労判 721 号 37 頁（ヤマト運輸事件）·····················81

大阪地判平成 11 年 10 月 4 日労判 771 号 25 頁（JR 東海事件）・・・・・・・・・・・・130, 131, 143

京都地判平成 12 年 4 月 18 日労判 790 号 39 頁（ミロク情報サービス事件）・・・・・・・・・・・・・・83

大阪地判平成 13 年 6 月 27 日労判 809 号 5 頁（住友生命保険事件）・・・・・・・・・・・・・・・・・81

東京地決平成 13 年 8 月 10 日判時 1808 号 129 頁（エース損害保険事件）・・・・・・・・・・・・132

東京地判平成 13 年 12 月 3 日労判 826 号 76 頁（F 社 Z 事業部事件）・・・・・・・・・・・・・62, 66

東京地判平成 14 年 2 月 26 日判決労判 825 号 50 頁（日経クイック情報事件）・・・・・・・・・・・・63

東京地決平成 14 年 12 月 27 日労判 861 号 69 頁（明治図書出版事件）・・・・・・・・・・・・・・83, 89

東京地判平成 19 年 5 月 17 日労判 949 号 66 頁（国際観光振興機構事件）・・・・・・・・・・・・・81

松山地判平成 21 年 3 月 25 日労判 983 号 5 頁（奥道後温泉観光バス事件）・・・・・・・・・・・・59

福井地判平成 21 年 4 月 22 日労判 985 号 23 頁（F 病院事件）・・・・・・・・・・・・・・・・・・60

大阪地判平成 21 年 10 月 8 日労判 999 号 69 頁（日本レストランシステム事件）・・・・・・・81, 88

東京地判平成 23 年 12 月 28 日労経速 2133 号 3 頁（日本アイ・ビー・エム事件）・・・・・140, 145

東京地判平成 24 年 5 月 31 日労判 1056 号 19 頁（東起業事件）・・・・・・・・・・60–62, 70, 72

水戸地判平成 24 年 9 月 14 日判例自治 380 号 39 頁・・・・・・・・・・・・・・・・・・・63, 72

長野地判平成 24 年 12 月 21 日労判 1071 号 26 頁（アールエフ事件）・・・・・・・・・・・・・・60

東京地判平成 27 年 3 月 27 日第一法規 29025233・・・・・・・・・・・・・・・・・・・・・・・63

東京地判平成 28 年 3 月 28 日労判 1142 号 40 頁（日本アイ・ビー・エム（解雇・第 1）事
件）・・・134

東京地判平成 28 年 5 月 19 日労経速 2285 号 21 頁（セコム事件）・・・・・・・・・・・・・・・60

東京地判平成 28 年 9 月 28 日労判 1189 号 84 頁（綜企画設計事件）・・・・・・・・・・・・・131

東京地判平成 28 年 10 月 7 日労判 1155 号 54 頁（日立コンサルティング事件）・・・・・・・・・64

札幌地判令和 1 年 9 月 17 日労判 1214 号 18 頁（社会福祉法人北海道社会事業協会事件）
・・・104

事項索引

■英数字

AI によるモニタリング　　66
AI の誤り　　48
CCPA　　153
CPRA　　154
DPIA（データ保護影響評価）　　160,
　162, 163
DPO（データ保護責任者）　　163
FTC 法　　153
GDPR　　148, 150, 157
GPS ナビシステム　　60
HR テクノロジー　　2
PIP（業務改善プログラム）　　133,
　134
SNS　　36
360 度評価　　76

■ア行

アグリゲーター（おまとめサイト）
　36
アルゴリズム　　2
安全管理　　109
安全配慮義務　　94, 100, 118
委託募集　　34
一般健康診断　　93
インターネット閲覧履歴　　63
オプトアウト方式　　48
オプトイン方式　　48

■カ行

解雇権濫用法理　　41
ガイドライン通則編　　109
外部送信規律　　120
解約権留保付労働契約　　40
監視カメラ　　59
完全自動意思決定　　50
求人メディア　　34
業務改善プログラム　　→　PIP
クラウドソーシング　　37
ゲーミング　　44
健康情報　　58
健康情報 3 類型　　111
健康情報管理　　92
健康情報の利活用　　108
ケンタウロスモデル　　49, 86, 133
行動監視　　157
公平性原則　　133
個人情報　　24
個人情報保護法制　　9
個人データ　　24, 151
個人データの消去　　128
個人の尊重原則　　5
雇用管理分野における個人情報のうち
　健康情報を取り扱うに当たっての留
　意事項　　98
雇用機会均等法　　12

■サ行

最新性　　133

事項索引

採用選考　32
採用の自由　41
始期付解約権留保付労働契約　40
指針　110
次世代医療基盤法　119
社用パソコン　63
取得義務　100
試用期間　40
傷病休職制度　130
職業紹介　33
処理　157
人工知能　2
人材サービス　33
人材データベース　34
人事権の濫用　81
人事データ利活用原則　15, 18
人事評価　80, 127
心身の状態の情報　98
推知情報　99, 116
スポットマッチング　36
スマートフォン　61
正確性　133
整理解雇　126
説明可能な AI　44

■夕行
第三者提供　47, 110
退職勧奨　127
懲戒解雇　126
懲戒処分　137
調査の自由　42
通信設備　62
適正取得原則　46, 49
デジタル社会の形成を図るための関係

法律の整備に関する法律　148
データ主体　151
データそのものの性質　159
データ保護　148
データ保護影響評価　→　DPIA
データ保護責任者　→　DPO
データローカライゼーション　154
電気通信事業法　120
同意なき検査　107
特殊健康診断　93
特定分野ガイドライン　119
取扱規程　101

■ナ行
内定　40
内定辞退率　39
内々定　40
日本 IBM　77
日本国憲法　4
人間関与原則　50

■ハ行
配置　82
配転　82, 132
配転命令権　82
パーソナルデータ　2, 150, 152
ピープル・アナリティクス　2
秘密　48
平等原則　12
不採用理由の告知　44
普通解雇　126
プライバシー　58
プライバシー権　7
プライバシー影響評価（PIA）　163

プライバシー法　113
ブラックボックス問題　44
不利益取扱いの禁止　106
プロファイリング　2, 49, 157
募集情報等提供事業　38
募集方法の自由　42
保有個人データ　24, 57
本人の同意　48, 104

■マ行
メール　64
モニタリング　56, 138

■ヤ行
要配慮個人情報　46, 49, 57, 96

■ラ行
留意事項　109
利用目的　103
利用目的の特定　78
利用目的の変更　79
労働安全衛生法　93
労働基本権　14
労働者選択の自由　42
労働者の心身の状態に関する情報の適
　正な取扱いのために事業者が講ずべ
　き措置に関する指針　98
労働条件の不利益変更　81
労働法制　14

■ワ行
ワーク・ライフ・バランス　84

編者・執筆者略歴

■編集・執筆

山本　龍彦（やまもと　たつひこ）：編集、第 1 章担当

慶應義塾大学法科大学院教授、慶應義塾大学グローバルリサーチインスティテュート（KGRI）副所長、一般社団法人ピープルアナリティクス＆ HR テクノロジー協会理事。総務省「プラットフォームサービスに関する研究会」委員、総務省「ICT 活用のためのリテラシー向上に関する検討会」座長なども務める。主な著書として、『デジタル空間とどう向き合うか』（共著、日経 BP、2022 年）、『AI と憲法』（日本経済新聞出版社）、『プライバシーの権利を考える』（信山社、2017 年）等。

大島　義則（おおしま　よしのり）：編集、第 2 章担当

弁護士（第二東京弁護士会。弁護士法人長谷川法律事務所）、一般社団法人ピープルアナリティクス＆ HR テクノロジー協会アカデミックアドバイザー、専修大学法科大学院教授、慶應義塾大学大学院法務研究科非常勤講師、広島大学大学院人間社会科学研究科客員准教授。主な著書として、第二東京弁護士会情報公開・個人情報保護委員会編『AI・ロボットの法律実務 Q & A』（編集長・分担執筆、勁草書房、2019 年）等。

■編集

一般社団法人ピープルアナリティクス＆ HR テクノロジー協会（代表理事：長瀬昭彦）：編集

人材データを分析・可視化して人と経営の未来に活かすピープルアナリティクスと、それを牽引する HR（Human Resource）テクノロジーを普及・推進することを目的とし、その目的に資するためピープルアナリティクス及び HR テクノロジーに関する事業を行う団体。人事データ利活用原則を策定し、人事データ保護士の資格認定制度を設営している。

■執筆（掲載順）

當舎　修（とうしゃ　おさむ）：第 1 章コラム、第 7 章コラム担当
弁護士（第二東京弁護士会。のぞみ総合法律事務所）、個人情報保護士。英国 King's College London 留学中（LL.M.）。主な著書として、第二東京弁護士会情報公開・個人情報保護委員会編『令和 2 年改正 個人情報保護法の実務対応──Q&A と事例──』（分担執筆、新日本法規、2021 年）、法曹有資格者自治体法務研究会編『改正民法対応！ 自治体職員のための　すぐに使える契約書式解説集』（分担執筆、第一法規、2020 年）等。

尾崎　愛美（おざき　あいみ）：第 3 章担当
筑波大学ビジネスサイエンス系准教授。慶應義塾大学大学院法学研究科後期博士課程単位取得退学。博士（法学）。慶應義塾大学、中央大学、杏林大学非常勤講師（2023 年 8 月現在、就任順）。主な著書として、『GPS 捜査とプライバシー保護』（共著、現代人文社、2018 年）。論文に「犯罪捜査を目的とした顔認証技術の利用に対する法的規制のあり方─米国の議論を参考に─」（情報ネットワーク・ローレビュー第 19 巻、2020 年）等。

松井　博昭（まつい　ひろあき）：第 3 章コラム担当
弁護士（第二東京弁護士会。AI-EI 法律事務所パートナー）、ニューヨーク州弁護士。信州大学特任教授・学長補佐、成蹊大学経営学部非常勤講師、株式会社マツモト社外監査役。主な著書として、森倫洋・松井博昭ほか編『和文・英文対照モデル就業規則（第 3 版）』（編集代表、中央経済社、2019 年）、第二東京弁護士会労働問題検討委員会編著『労働事件ハンドブック（改訂版）』（分担執筆、労働開発研究会、2023 年）、第二東京弁護士会労働問題検討委員会編著『フリーランスハンドブック』（全体編集、労働開発研究会、2021 年）等。

数藤　雅彦（すどう　まさひこ）：第 4 章担当
弁護士（第二東京弁護士会。五常総合法律事務所）、第二東京弁護士会情報公開・個人情報保護委員会（2019-2020 年度委員長）、一般社団法人 MyDataJapan 監事。主な著書として、第二東京弁護士会情報公開・個人情報保護委員会

編『令和2年改正　個人情報保護法の実務対応―Q＆Aと事例―』（編集長・分担執筆、新日本法規、2021年）等。

松尾　剛行（まつお　たかゆき）：第5章担当

弁護士（第一東京弁護士会。桃尾・松尾・難波法律事務所パートナー）、NY州弁護士、法学博士、慶應義塾大学特任准教授、中央大学、学習院大学、九州大学非常勤講師（2023年8月現在、就任順）。一般社団法人ピープルアナリティクス＆HRテクノロジー協会「人事データ利活用原則」策定に関与。主な著書として、『AI・HRテック対応 人事・労務情報管理の法律実務』（弘文堂、2018年）、『最新判例にみるインターネット上の名誉毀損の理論と実務（第2版）』（共著、勁草書房、2019年）、『プライバシーなんていらない!?』（共訳、勁草書房、2017年）、『ロボット法』（共訳、勁草書房、2018年）等。

小松　侑司（こまつ　ゆうじ）：第5章コラム担当

弁護士（第二東京弁護士会）。著書として、『デジタルアーカイブ・ベーシックス　知識インフラの再設計』（共著、勉誠出版、2022年）。

植田　達（うえだ　とおる）：第6章担当

常葉大学専任講師、元弁護士（2013年〜2016年。第二東京弁護士会）。

加藤　尚徳（かとう　なおのり）：第7章担当

株式会社KDDI総合研究所コアリサーチャー、一般社団法人次世代基盤政策研究所理事・事務局長・研究主監、神奈川大学経営学部非常勤講師、理化学研究所革新知能統合研究センター客員研究員。情報法制（プライバシー・個人情報等）を中心とした法制度や技術の調査・研究・コンサル業務に従事している。主な訳書として、メグ・レタ・ジョーンズ『Ctrl+Z　忘れられる権利』（共訳、勁草書房、2021年）。

人事データ保護法入門

2023 年 8 月 20 日　第 1 版第 1 刷発行

編著者　山　本　龍　彦
　　　　大　島　義　則

編　者　一般社団法人ピープ
　　　　ルアナリティクス＆
　　　　HR テクノロジー協会

発行者　井　村　寿　人

発行所　株式会社　勁　草　書　房
112-0005　東京都文京区水道 2-1-1　振替 00150-2-175253
　　　　（編集）電話 03-3815-5277／FAX 03-3814-6968
　　　　（営業）電話 03-3814-6861／FAX 03-3814-6854
　　　　　　　　　　　　　　　　　　理想社・中永製本

©YAMAMOTO Tatsuhiko, OSHIMA Yoshinori, People
Analytics & HR Technology Association 2023

ISBN978-4-326-40426-1　　Printed in Japan

https://www.keisoshobo.co.jp

大島義則

実務解説　行政訴訟　　　　　　　　　　　　　　A5 判／5,280 円

松尾剛行・山田悠一郎

最新判例にみるインターネット上の
名誉毀損の理論と実務　第 2 版　　　　　　　　A5 判／6,050 円

石井夏生

EU データ保護法　　　　　　　　　　　　　　A5 判／3,960 円

石井夏生利・曽我部真裕・森亮二　編著

個人情報保護法コンメンタール　　　　　　　A5 判／13,200 円

メグ・レタ・ジョーンズ著／石井夏生利　監訳

Ctrl+Z　忘れられる権利　　　　　　　　　四六判／3,850 円

ダニエル・J・ソロブ／大島義則・松尾剛行・成原慧・赤坂亮太　訳

プライバシーなんていらない！？　　　　　　四六判／3,080 円
　　情報社会における自由と安全

ロタ・ディターマン／渡邊由美・井上乾介・久保田寛也　他

データ保護法ガイドブック　　　　　　　　　A5 判／4,400 円
　　グローバル・コンプライアンス・プログラム指針

勁草書房刊

＊表示価格は 2023 年 8 月現在。消費税は 10％ が含まれております。